新聞奨学生

奪われる学生生活

横山 真

大月書店

はじめに――新聞奨学生しか道がなかった私

「私が五〇万円貸します。そして、このお金はあなたが社会人になってから少しずつ返してくれたらいいから……」

高校三年生の一二月頃、担任の先生からそう言われた。この言葉で私は新聞奨学生になることを決意した。この言葉にいたるまでの経緯について、簡単に紹介しておきたいと思う。

私は三歳の頃に両親が離婚して以来、母子家庭で育ってきた。生活保護も受けながらの暮らしで、いわゆる「貧困家庭」出身者だ。二歳下の弟もいる。家計を助けるために、中学の頃からアルバイトをしてきた。最初のバイトは中一のときの新聞配達だった。それから母の知人の理髪店、小学校のソフトボールの監督が経営していたフグの加工工場という具合に、それぞれ短期間ではあるが中学時代に三つのアルバイトを経験した。学校行事の職場体験よりも、よっぽど社会経験を積んだ自信はある。

お金の問題はいつも切実だった。思い返せば、義務教育を終了したあと、私の前にいつも大きく立ちはだかるのは進学費用だったように思う。

まずは、高校進学時だ。大都市では私立高校の人気も高いと聞くが、普通は、高校受験をする際に公立高校と私立高校を受験し、公立高校に受かれば公立高校に、落ちたら私立高校に進学する人が多いだろう。私が育った福岡では、この傾向がかなり強かったと思う。なぜか？　ずばり授業料が公立高校のほうが安いからだ。現在では、私立高校の授業料を無償化している自治体もあるけれど、この事実は、私にとって大きな問題だった。万が一、公立高校に落ち、私立高校に通うことになったら、絶対に授業料を払い続けることはできなかっただろう。それどころか、通う以前に入学金の約二〇万円を支払えず、入学すらできなかったのではないかと思う。

中学のときにはじめてこの壁にぶつかった私が進もうとしたのが、学力特待生という道だった。塾に通ってはいなかったが、部活をしながら学年で中の上ぐらいの成績を取っていたので、中学一年のときの担任が学力特待生という制度があると教えてくれたのだ。当時、その先生は各高校を回って私が学力特待生になれる学校を探してくれた。そして、学力低位校だったが特待生となることができた。

だが、その私立高校に入学し、大学進学をするとなると、またお金の問題が立ちはだかるかもしれない。不安定な家庭状況のなかで就職を迫られるかもしれない。大学進学か就職か、どちらに転がってもなんとかなりそうな道だと考え、私立高校に行くことを蹴って、県立の総合学科高校に進学した。

高校一年生のときは就職クラスを選択した。電卓検定を受けたり、進学クラスに比べると楽しいとは思うし、何より就職に役立っている感じがあって、けっこう充実していたと思う。だが、学年行事で大学見学に行ったときに大学がなんとも魅力的に見えた。もともと学校の先生になりたいと中学の頃から思っていたし、しだいに頭のなかが大学進学でいっぱいになっていった。気づけば、二年のときには進学特化クラスにいた。偏差値が高くはない高校ということもあって、学校では常に成績上位。まわりの先生からも大学進学を期待され、二年次以降は進学一本に決めた。

大学受験では公募推薦というかたちで大学を決めた私は（理由は後述）、合格後に重大な問題に気づいた。入学前の納入金である。大学の授業料が高校とはけた違いであることは知っていたのだが、うかつにも、入学する前にまとまったお金が必要だとは、考えていなかったのだ。

まず、一般入試で合格した場合だと、納入金六〇万円強を三月までに一括納入しなければならない。推薦入試で合格した私の場合だと、年明け前の一二月末までだ。貯金するお金もない生活保護家庭の私に、こんな大金を支払える能力は当然ない。「こういったときのために奨学金があるのでは？」と考えるのが普通だ。だが、日本の奨学金（日本学生支援機構のもの）は入学後に支給されるのだ（奨学金制度については第1章で詳しく説明する）。

私もこのときはじめて知って驚いた。奨学金が貧乏人の役に立たないなんて！　そのため、当時の担任と一緒に納入金が払える方法を模索した。そこで見つけたのが新聞奨学生制度だった。「これで進学ができる！」と思ったが、私には一つの懸念があった。私はすでに新聞配達の経験がある。毎朝早起きしながら大学でちゃんと学ぶことはできるのだろうか？　中学一年のときは夏休みだけという短い期間だったが、新聞奨学生となると、授業を受けながら四年間という長い期間配達を続けることになる。ほかにも何か方法はないのか……。探したけれど残念ながらない。そんなときに投げかけられたのが、冒頭の先生の言葉だった。
教師—生徒間でのこんなお金の貸し借りは本来ご法度だろう。けれど、それを知りながらも、せっかく合格した大学に私が進学できるように言ってくれたのだ。きつそうだから、できれば新聞奨学生をしたくないと思っていた私は、自分の甘さに愕然《がくぜん》とした。そして、先生の気持ちに応えるために新聞奨学生になることを決意したのだ。

以上、私の大学入学前までの経緯を話してきたが、本書は私が大学四年間の学びを基礎に書き上げた卒業論文をもとに執筆している。私は、中学時代から「学力格差」や「教育格差」といったことを感じてきた。大学ではそれらの問題と貧困問題などを中心に学んできた。学校問題、格差問題、貧困問題、若者問題etc……、苦学生を経験してきた自分なりにがんばって知識を詰め込んできたと思う。

私は新聞奨学生を経験してきたなかで、その制度がかなり多くの問題点を抱え、またそれが現在注目されている「ブラックバイト」などの問題につながっていると感じた。それにもかかわらず、取り上げている論者はほとんどいない。今回本書を執筆するきっかけをくださった大学の恩師でさえも、新聞奨学生制度を私と出会うまで知らなかったそうだ。

このようにして、今までブラックボックス化していた新聞奨学生の「リアル」を経験者の立場から多くの方々に知っていただきたいと思い、一冊の本としてまとめることになった。

まだ、未熟ゆえに文章が稚拙な部分もかなりあるが、どうか最後まで読んでいただきたいと思う。

目次

第1章 希望と不安の大学入学

志望校合格へ

高校三年生になると、勉強と並行して具体的な受験の「戦略」も練っていく必要がある。中学時代までであれば、県内の、しかも私の住む福岡では学区内の公立高校と私立高校を一、二校受けるという具合に学校単位で選択し、あとは自分の学力にそったかたちで受験校を決定していく。だが、大学の場合は、「一学部」もしくは「一学科」単位で受験していく。

たとえば、志望大学のなかで複数の学科に出願することが可能な場合、「○○大学に入りたい」と思えば、○○大学の××学科と△△学科を受けるというように、その大学の複数の学科を受験することだってできる。それは、その大学のブランドに惹かれ「○○大生になりたい」という要求があるからだ。

一方で、学びたい学部・学科を絞って受験校を複数選択する場合もある。たとえば、「私は経済学を学びたい」と思えば、○○大学の経済学科と××大学の経済学科を受験するという具合に。

また、戦略の一つとして県外の大学を志望する人も多くいる。ほかの高校に進学した友人たちには、関東や関西の大学を志望する人が多かった。それは、たんに関東や関西に憧れをもつ者もいれば、行きたい大学や学部が県内にない場合もある。

だが、こういった戦略は受験費用が膨大になるため、私の場合は不可能。私の出身大学では、受験料として一学科につき約三万円（医学部は除く）、三つ受けると一〇万円近くかかってしまう。「私の大学時代の一か月の生活費ではないか!!」。このように受験料だけでも家計に対してかなりの負担がかかってしまうのだ。また、県外に進学している人はだいたい仕送りができる家庭出身だろう。自宅外通学者の場合、入学後の教育費の負担はかなり重いものとなる。

私は生活保護世帯の三人家族だ。受験料すらぎりぎりで捻出しなければならないことを考えれば併願できる余裕はないし、県外に出ることも無理。まわりの多くの人とは違い、「一発勝負」で県内の大学を受験することになった。もちろん浪人する余裕もまったくない。

幸いにも私は、福岡大学の人文学部教育・臨床心理学科に志望先を一本化できていた。当時、私は中学校の先生になりたいと思っていて、いじめや不登校の問題がなんとかならないか、と漠然と考えていた。

「教育と臨床心理を学べば、教員になったときの強みになるだろう」

そういった考えがあったので、その学科が気になっていた。

福岡で教育学を学べて中学校の免許を取れるのは、国立の教育大学か福岡大学ぐらいしかなかった。

教育大に行きたい気持ちもあったが、うちの高校から国立大学に進学するのは現実味がなかったので、「じゃあ私立の福岡大学のその学科に行こう」とほとんど迷わずに志望先を決めた。

次に、「一発勝負」で受験を成功させる方法が問題だ。「『指定校推薦』があるじゃないか！」と思ったが、私の出身高校は、当時はまだ「学力低位校」に位置していて（最近は進学実績が上がっているらしい）、志望校の指定校推薦がなかった。指定校推薦はほとんどの場合面接だけで、ほぼ合格が確約されている。だが、私が受験した公募推薦の仕組みは、高校時代の内申点を入試判定の点数に換算し、入試問題のレベルが下げられるぐらいで一般入試と同じように筆記試験も課せられる（一般入試では三教科課せられるが、公募推薦では国語と英語の二教科だけ課せられた）。つまり不合格になる可能性もかなりあるのだ。

けれども、幸い内申点が高く、志望校を完全に絞って勉強した甲斐もあって、合格することができた私は、一般入試組よりも早く、年明け前（一二月上旬）に受験を終えたのだった。

合格はしたが――立ちはだかるどうしようもない「壁」

さて、合格して一息つこうと思った私だが、「はじめに」に書いたとおり、目の前に二つの大きな「壁」が立ちはだかっていた。合格してから一か月以内に入学金と前期授業料を合わせて納入しなければならないというのだ。

実は以前は、この授業料と入学前に支払う入学時納入金（以下、入学金）の「壁」はかなりハードルが低かった。

一九七五年の授業料と入学料を合わせた国立大学の初年度納入金は八万六〇〇〇円。それが、二〇一七年現在は八一万七八〇〇円とかなり、ハードルが高くなっている。授業料だけで見ても、三万六〇〇〇円から五三万五八〇〇円。ちなみに私立大学の初年度納入金の平均は、七五年の二七万八二六一円から二〇一四年度には一三一万一六四四円とこちらもかなり高騰している。以前の私立大学の「入学金」よりも現在の国立大学の授業料のほうが高いのが現状なのだ。

私の場合は、入学料と前期分の授業料が入学金として請求されたので、これにあたる約六四万円もの金額を入学前に用意しなければならなかった。

「ヤバイ……そんなお金ない……うち生活保護で貯金もまったくないのに」

私は、当時の担任と一緒に「今すぐ」お金を用意できる奨学金制度を探した。当然のように、まず調べたのが日本学生支援機構だった。

現在、日本の奨学金事業のおもな担い手になっていて、奨学金を利用している大学生の約八割は日本学生支援機構の奨学金を利用しているからだ。だが、「今すぐ」必要な人には役に立たない。不思議としか言えない日本の奨学金について、他の奨学金制度もおおよそ仕組みが似ているので、日本学生支援機構を例にその概要を説明していきたい。

日本学生支援機構の奨学金の初回振り込み時期は入学後だ。しかも借入額が一括して振り込まれるのではなく四年間に、月額で一定額振り込まれていく。四〇〇万円を借りるとしたら、四〇〇万円が一気に振り込まれるのではなく、四年間に分割で振り込まれるのだ。つまり、入学前に、一括払いで入学金を納入する経済力が前提とされているわけだ。

日本学生支援機構には月額で借りる奨学金のほかに入学時特別増額貸与奨学金というものもあり、これは最大で五〇万円まで借りることができるが、これもまた振り込まれるのは入学後だ。「入学時」と説明されているので、ややこしくて迷惑なのだが……。

要するに、日本の奨学金は、大学入学前の納付金を用意できる中間層向けに設計されていて、入学前に入学金を支払うほどの経済能力がない家庭には機能しないものなのだ。

「今すぐ」必要なお金を用意することができない日本の奨学金制度は、「経済的地位」によって「能力に応じた教育を受ける機会」を失いかけている私に、その機会を与えるという役割を果たすことができない（教育基本法第四条には、さまざまな解釈があるが……）。

さらに、昨今の奨学金の変化と奨学金問題について説明しておきたい。「給付型奨学金」の議論がなされたことは記憶に新しい。

給付型とは、つまり還さなくていい奨学金だ。

だが、実は「還さなくてもよい奨学金」はかつて存在した。小・中・高校など学校教員が対象となる「返還免除制度」がこれにあたる。

日本学生支援機構の前身は日本育英会で、私たちの親世代には、こちらのほうが馴染み深いだろう。日本育英会や日本学生支援機構は、いわば「国による奨学金」で、一九七〇年代までは無利子貸与型奨学金のみの事業だった。八〇年代には有利子貸与型奨学金が導入されたが、九八年までは無利子貸与型が奨学金事業を支えていた。一方で、八九年に学校教員が対象の「返還免除制度」は廃止されている。

しかし、九九年の「きぼう21プラン」によって、学力基準や家計基準が緩和され、有利子の貸与人数、事業予算規模ともに大幅に増加した。二〇〇一年度には、ついに貸与人数、事業予算規模ともに有利子貸与型奨学金が無利子貸与型奨学金を上回った。

二〇〇四年には日本育英会が廃止され、現在の独立行政法人日本学生支援機構へと組織改編が行われた。同時に、大学院で受けた奨学金の返還特別免除制度も廃止され、「還さなくてよい」奨学金は完全に消滅した。

民間や団体などが運営している給付型の奨学金はいくつか存在するが、奨学金事業全体の一割にはるかに満たないし、またそれらは金額的にも四年間の大学の授業料に対して微々たるもので、成績基準や所得制限などで受けることができる人は少なく「狭き門」となっている。

つまり、以前はハードルが低く抑えられていた授業料が、かなり高騰してきたにもかかわらず、それとは逆行したかたちで、ハードルを越える「はしご」としての役割だった奨学金制度も弱体化してきたのだ。

「給付型奨学金」が注目されたのは、現在の制度が奨学金とは名ばかりで、その実態が「教育ローン」だからだ。

「きぼう21プラン」が導入されてから、有利子貸与型奨学金の貸与人員、事業予算規模ともに急激に拡大していき、一九九八年から二〇一三年にかけて、それぞれ約九・三倍、約一四倍となっている。また、その間の労働市場の変化にともなう賃金減少も相まって、滞納の問題が顕著に出てきた。一三年には奨学金返済を延滞している人は約三三万人となり、現在もそれは横ばいで推移している。それまでの日本育英会とは違い、滞納者への取り立てもかなり厳格化された。

国による給付型の奨学金は存在せず、しかも貸与を受けている学生の七割以上が有利子というのが現状だ。ちなみに有利子貸与型奨学金の金利上限は三%で、これは住宅ローンよりも高い。

そして多額の負債を抱え、返還が困難になれば、メガバンクなみの回収率を誇る機構が無理な回収を迫り、挙句の果てには自己破産に追いつめられる。こういったことが若者の間でめずらしいことではなくなっており、非常に問題視されている。

それにともない、貸与者の負担を減らすため、二〇一二年度からは「所得連動返還型無利子奨学金」が創設された。これは、本人の所得に応じて月賦返還額を決定するというものだ。しかし、返還総額が減るわけではないので、長期的に見れば、返還期間が延びるため逆に負担となってしまう可能性もある。

そして、二〇一六年の参議院議員選挙で与野党ともに公約に掲げていたこともあって、ついに「給付型奨学金」の議論が盛んに行われたのだ。国による「給付型奨学金」は二〇一七年度から先行実施され、一八年度から本格実施となる。「給付型奨学金」の給付額は、私立校で月額四万円、国公立校は月額三万円。だが、要件に学業成績を盛り込むことや、対象規模が二万人と小さすぎることが問題とされている。

以上のように、これまでの奨学金問題は、奨学金がローンであることや滞納といったことが議論の中心なのだ。

私はその議論に対してちょっと待ったをかけたい。たしかに「奨学金ローン」によって大学卒業後に若者が苦しめられるのは非常に問題だ。しかし、その問題ばかりに囚われすぎて別の問題が見えなくなっていると私は感じている。そもそも、私のような家庭ではローンや滞納以前に入学金というハードルを越えられないため、教育機会を失ってしまうという可能性がある。

本来なら、経済的資源が乏しい者から優先的に奨学金が利用されるべきだ(もちろん、学習意欲があともなっているのが前提だ)。しかし、現在の制度では「最貧困」の層には、あまりにも「使い勝手」が悪すぎる。

そもそも「奨学金」は諸外国では、給付型のものを指し、「スカラーシップ」や「グラント」と呼ばれていて、「ローン」とは区別されている。一方で、日本で言われている奨学金は、ほとんどの場合、貸与型、つまり、「ローン」のことを指しているのだ。

私の話に戻ろう。

どうやら「日本の奨学金制度」では、私のような生活保護世帯出身者が大学に進学することはきわめて困難らしい。では、国の奨学金以外で私が「壁」を越えるための「はしご」はあるのだろうか?

「国」が駄目なら民間で、というわけで、そのときに見つけたのが高校の掲示板に貼ってあった新聞奨学生制度の広告だった。「新聞配達をしながら学校に通えます。返さなくていい奨学金がもらえます。奨学金とは別に給料ももらえます」。そのような謳《うた》い文句がずらりと並べてある。しかし、私にとって重要だったのは給付型でも給料がもらえることでもない。「今すぐに」入学金を支払ってくれるのか、ということだ。パンフレットをもらい、よく内容を確認してみると、「今すぐ」払ってくれるという。

「よし、では早く申し込もう！」というわけにもいかなかった。中学校一年生のときのバイトでは、夏休みという短期間だったからなのか、休みは休刊日の日しかなかった。部活ももちろんしていた。朝早く起きて新聞を配り、そのあと部活へ。そのときの新聞配達の生活を考えると、「大学と両立できるのだろうか……」といった考えが頭をよぎった。

しかし、「はじめに」で書いたとおり、担任の先生の言葉に決意をかためた私は、新聞奨学生への道を突き進むことになった。

また、このときに、私はどういう教員になりたいかを展望できた。あの先生だからこそ、「お金を貸します」とまで言ってくれたのだと思う。先生も高校時代は母子家庭で、経済面で苦労したらしい。中学校のときに私の進路先を懸命に探してくれた先生も同じ境遇だった。「そういった問題に対処できるような先生になりたい！」

さぁ、いざ新聞配達の世界へ。

「奨学生」になる手続き――またもや問題点発覚？

奨学金は誰でも借りられるわけではない。設置している団体や組織が求める基準や要件を満たさなければ受給することはできない（とは言っても日本学生支援機構の第二種奨学金［有利子］は要件がかなり緩い）。たとえば、日本学生支援機構の第一種奨学金（無利子）だと、高校時の内申点が「平均三・五以上で経済的に困難な者」といったような基準がある。

新聞奨学生制度を申し込むにも何か要件があるだろうと調べてみた。だが、私が応募した新聞社には、特に要件があるわけではなかった（ほかの新聞社も同じようだ）。日本学生支援機構のように、家庭の経済状況や生徒の学業成績等はいっさい考慮されない。販売店に入寮したあとになんとなく悟ったが、要件を設けていないのは一人でも多くの人材を求めているからだと思う。新聞配達業界の人手不足の象徴だと言える。

だが、パンフレットをよく読んでいくと、これまた重大な「壁」を発見してしまった。新聞配達は朝・夕行わなければならない。その夕刊配達が午後の授業時間と丸被りしているのだ。また、勤務は週に六日。これらの条件・制約は新聞社側が提示しているわけだが、実験実習などで午後に授業が集中する理系学部や、実習などで一週間やそれ以上の期間配達ができなくなる医療・介護・教職系などの学部は新聞奨学生制度に応募できないらしい。私は教員をめざすために志望先を決めた。三、四年次になれば教育実習などがあるだろう。しかも私の場合、すでに進学先が決まっていて、推薦入試での進路決定なので変更することはできない。不安を胸にとりあえず面接へと足を運んだ。

面接は福岡市某区の新聞社の西部支社で行われた。昼間であるにもかかわらず建物のなかに人気はなく、「ふだん何に使っているんだろう?」と思うぐらい建物を持て余している感じがすごかった。

面接官は一人だっただろうか、その人は市内の某販売店の所長らしい。その販売店の様子は卒業論文執筆時に取り寄せたパンフレットにも載っていた。その面接官を相手に私、母の一対二で面接を受けた。何を聞かれたのかはよく覚えていないが、高校や大学の推薦入試のときに聞かれたのと同じようなことを質問されたと思う。それよりも重要なことを尋ねなければならなかった。進学先の学部についてだ。私には新聞奨学生制度を利用する以外に進学する手段がない。今さら泣きついて担任の先生に「やっぱりお金を貸してください」など言えるわけもない。

面接官にそのことを相談した。面接官は進学先の大学に次年度以降の時間割が決まっているか、その場で電話をして聞いてくれた。すでに時間割が決まっているのなら、なんとか四年間のスケジュールを立てられると思ったのだろう。だが、時間割は一年ごとに組み換えられるもので、二年後、三年後の時間割がわかるはずもなかった。そのため、次に契約年数(コース)をどうするかを相談した。

幸いにも私の進学先の教職課程は、実習開始が三年次以降だ。三年次に介護等体験、四年次に教育実習が実施される。ということは二年次までは新聞配達ができる。新聞奨学生は契約年数を選ぶことができるようになっていて、基本的に専門学校生・短大生は二年コース(三年制であれば三年コース)、四年制大学生は四年コースを選ぶことになっている。だが、私は特例として二年コースを選択できることになった。それまでの不安がなくなり、一気に緊張がとけた。

ひとまず、新聞奨学生制度を利用することで入学金の「壁」を突破できることにはなった。二年次までの学費や生活費はなんとかなりそうだ。しかし、三年次と四年次で合わせて、授業料だけで一六〇万円は必要だ。かなり悩んだが、結局、新聞奨学生をしながら〝悪名高い〟日本学生支援機構の第一種奨学金も申し込むことにした。ただし、その奨学金は貯蓄しておいて、三年次以降の授業料と生活費（以下、授業料＋生活費を「学費」と呼ぶ）にあてることにした。

とりあえずは、これで私が大学生活を送るための「手続き」が完了した。ほっとはしたが、中学時代の新聞配達の経験がよみがえる。大学生活の不安を胸に抱えながら三月一日、私は高校を卒業した。だが、高校卒業の解放感に浸っている場合ではなかった。私が応募した新聞社の新聞奨学生は基本的にバイクを使って配達を行っている。つまり運転免許を取得しなければならないのだ。高校を卒業し三月中旬に販売店には入寮することになっている。そのときに免許を取っていないとなればたいへんだ。普通自動車の免許を取るのは時間的にも経済的にも無理なので、原付免許を取ることにした。一週間必死に受験勉強以上に勉強した。筆記試験に一回落ちてしまうという〝事件〟もあったが、何はともあれ無事に入寮前に原付免許を取得することができた。

いざ、入寮！

二〇一三年三月中旬、私は某新聞社の某販売店へと入寮した。この年の新入寮生の入寮は三月の中旬過ぎだった。例年に比べて数日遅いらしい。入寮が早ければ早いほど大学の入学式までの期間に研修や配達をこなすことができる。ほかにもう一人いるらしいのだが、普通自動車免許の卒業検定に落ちたため、入寮日が遅れているそうだ。私の同期は「だいじょうぶ」な奴なのか……。

幸いなことに、実家からの距離は非常に近く、道なり三キロ程度しか離れていない。すぐ隣の区に移るだけだ。荷物はさほどない。必要最小限の物しか持って行かず、引越業者のトラックも小さめだった。そのため、私自身は自転車で直接向かうように母から言われた。行く途中で販売店へお土産を買っていくようにとも言われた。受験が終わったあとに機種変更した「iPhone5」で地図を確認しながら販売店へ向かう。まだ所属先の販売店に来たことがなかったので、寮を見るのも、このときがはじめてだ。いったいどんな感じなのか、期待を胸にいざ到着！

「……」

思わず言葉を失ってしまった。その外観はパンフレットで見た物とは大違い。築三〇年ほどは経っているだろうか。木造でお世辞にもきれいとは言えない。なかに入ると、一階が作業場と事務所、二階が奨学生の寮部屋となっている。

私が販売店に到着した頃にはすでに母は到着していて、所長とマネージャーXとしゃべっていた。所長とマネージャーが母に「上に上がって部屋を見ていきませんか」と言うと、「膝が痛いから帰ります」と本当にそのまま帰ってしまった。

「君のお母さんはすごかった」と後日、マネージャーから言われた。かなり衝撃を受けたらしい。

普通入寮日には両親が見送りに来て部屋まで上がり、子を激励するという感じらしいのだが、うちの母は私を信頼しきっているので、何も心配はないのだという態度の表れだったと思う。というより実家がかなり近いため、何かあったらすぐに帰って来いということかもしれない。

引越作業は午前中に完了した。荷物は自転車で到着した頃にはすべて二階の私の部屋に上げられていて、あとは整理するだけだった。部屋の広さは四畳半ぐらいだろうか。四畳半のスペースとは別にベッドのような寝るスペースがある。その下には収納スペースがあった。クローゼットもあるがかなり小さい。窓も小さいが、大通り沿いに販売店が位置しているため、開けると車やトラックの音でかなりうるさい。しかも私の部屋は一番道路に近かった。

エアコンは付いているが冷房機能だけで暖房機能はない。しかもかなり古いタイプのもので、これもまたつけるとうるさい。騒音だらけの部屋だったが、これまでエアコンを使ったことがなかった私は、クーラー使い放題というだけで胸が躍ったものだ。一方で、暖房器具の持ち込みはホットカーペット以外は禁止。火事の危険性を考慮してのことだそうだ。たしかに、古い木造建で一階には燃えやすい新聞がたくさんある。厚着で毛布や布団にくるまるという原始的な方法で冬を越すしかないそうだ。

寮内には一〇部屋ほどあったが、そのうち生活可能な部屋は六、七部屋ほどだった（その他は、物置き場になっていたり、部屋の冷房が壊れていたりした）。それがこの販売店の定員数なのだろう。運よく私の部屋は一番きれいらしい。それでも、ぼろいことに変わりはないが……。

午前中に荷物の整理を済ませると、午後にはバイクの練習をするために降りて来てくれとマネージャーに言われた。練習前に配達で使うヘルメット、ユニフォーム、ジャンバー、合羽が渡される。とりあえずヘルメットだけ持っていざ訓練へ！

それまで私は原付バイクを運転する機会がほとんどなかった。はじめて乗ったのは免許取得時の講習だ。しかし、教習所内のコースで少し操作する程度で、実際に道路に出たり時速三〇キロぐらいで走ったりしたことはない。二回目はバイト先の先輩のバイクで夜道を走ってみた。そのときも人通りが少ない場所を徐行スピードで走ったぐらいで、運転に関しては完全にビギナーだ。しかも私に割り当てられた配達用のバイクはスクーターではなく「カブ」と呼ばれるものだった。操作方法がまるで違うため、一から乗り方の説明を受けることになった。「教官」はマネージャーだった。

「バイク講習」の話の前に、私の愛車となるこのカブとスクーターの大雑把な違いを説明しておきたい。カブは一般に乗られているスクーターに比べるとかなり車体が重たい。倒してしまうと持ち上げるだけでたいへんだ。この重い車体に慣れながらバイクの操作をしていく。ブレーキの位置も違う。スクーターには、両ハンドルにブレーキが付いているが、カブは右ハンドルと右足部分にブレーキが付いている。右手ブレーキは前タイヤ、右足ブレーキは後ろタイヤにかかり、感覚的に右足のフットブレーキのほうがかかりがよい。ほかにもいろいろと違う部分があるのだが、両者の違いも含めて、どのように「バイク講習」を受けたのかを説明していこう。

まずはエンジンをかけるところから。スクーターであれば鍵を指して回し、ニュートラル状態にしてブレーキを握りながらエンジンボタンを押すとエンジンがかかる。カブの場合は鍵を回すところまでは一緒だが、ランプがニュートラルになっていることを確認し、右足ブレーキの後方にある「キック」(と呼んでいた)を思いっきり「蹴る(踏む)」とエンジンがかかる。新品車であれば軽く蹴るだけでエンジンがかかるが、年季が入ったものになってくるとなかなかエンジンがかからない。新人にはだいたい古いものが割り当てられるので、エンジンをかけるだけでひと苦労だ。

エンジンがかかると、次にシフトチェンジ(ギアチェンジ)をしなければハンドルを回しても進まない。スクーターであればハンドルを回すとすぐに動き出す。シフトチェンジするには、今度は左足にあるレバーを踏まなければならない。前方を踏めばシフトアップ、後方を踏めばシフトダウンする。なぜギアがあるのかと言うと、重い荷物(新聞)を運ぶために馬力を調整する必要があるからだ。馬力が強ければ最高速度が下がり、弱ければ最高速度が上がる。ギアは三速あり、一速が最も馬力が強く最高速度は二〇キロ、二速は四〇キロ、三速は最も馬力が弱く最高速度は六〇キロ出せる。新聞配達員は、運転中に瞬時に道路状況を判断してギアチェンジをする必要があるのだ。

エンジンをかけて、一速にシフトチェンジができたところで実際に走行訓練に移っていく。販売店の目の前の場所(とはいっても歩道だが)で少し走ってみるという「助走」なしに、私の場合はすぐに道路に出て、歴代の先輩たちも走った練習コースへと進んだ。そのときはまだシフトチェンジの仕組みについてわかっていなかったので、移動する際は一速のままだった。馬力が強いためエンジン音がかなりうるさく、バイクが苦しんでいるようだ。マネージャーXに「左足のギアを踏んでごらん」と言われ、踏んでみる。苦しんでいたバイクが解放されたかのように「騒音」がなくなったその瞬間シフトチェンジの仕組みを理解することができた。

走行訓練は田んぼのまわりをただぐるぐると回るだけだった。人気がなく、ほどよく坂もあるので、毎年新人の「練習コース」として使われているらしい。最初は左回りにぐるぐると、慣れてくると次は右回りにぐるぐると走らせ、自分なりにスムーズにシフトチェンジできるように試行錯誤していく。私は一時間もしないうちに走行訓練を終えた。例年の新人に比べると飲み込みが早いほうらしい。だが、まだこの段階では何も荷物を載せていない状態なので、あとは実際の配達時の研修や実践で走行技術を磨いていく。ここで、ある程度運転をこなせれば、翌日からの研修で教育係の先輩の足を引っ張らずに済む。

この数日後に同期で入寮してくる奨学生に徳光くんがいるのだが（詳しくは後述）、徳光くんは、カブの運転にかなり苦労していた。私より入寮があとだったので、徳光くんが販売店前の大きな歩道で練習をしていたのをよく見ていたが、主任さんたち二人がかりで指導をしていた。また、二学年上の先輩の小西さんとの配達中でも相当苦労していて、あまりにも足を引っ張るので、小西さんは徳光くんを公園かどこかに待機させ、猛然と配達の遅れを取り返していたそうだ。

ただし、最初に割り当てられるバイクがカブとは限らない。私が入寮した当時の三年生三人はスクータータイプで、バイクに慣れるのは早かったそうだ。だが、配達中にバイクが故障した場合、カブに乗らなければならないことがほとんどなので、カブの操作もできるようにしておく必要がある。最初スクーターだった先輩たちもまた、カブの操作に慣れるまで少し苦労したそうだ。

走行訓練を終えると、先輩たちにまた作業場に降りてくるように言われた。夕食に連れて行ってくれるそうだ。夕方になって作業場に降りて行くと三人が待っていた。残り数日で新聞奨学生を卒業するYさん、二学年上の先輩の小西さんと村上さん。三人ともメガネでしかも方言が強め。小西さん、村上さんの同期にもう一人佐川さんという先輩がいるが、その日の食事会には出席していなかった。奨学生内部での人間関係が垣間見えたような気がした。Yさんは福岡出身でそれ以外は九州の他県出身らしく、みな個性が強烈だった。特に村上さんは金髪で両耳にデカめのピアスを付けていて、これが「新聞奨学生なのか……」と圧倒された。

新聞奨学生は、真面目そうな人がやっているイメージだったが、けっこうやんちゃそうな感じだ。自己紹介もまだなのに急に食事に誘われたので、その食事会は相当緊張した。しかも、村上さんの質問攻めに圧倒される。

「部活は何しよったと?」「ここ(新聞奨学生)ほんと嫌んなるばい」

初対面からガンガン来られてちょっときつかったが、どんどん仲良くなっていった。

食事会は先輩たちの驕《おご》りでお好み焼き食べ放題の店に連れて行ってもらった。驚愕《きょうがく》したのは彼らの食べる量だ。私も高校まで部活をしていたこともあって、けっこう食べるほうだったが、小西さん、村上さんは私の比ではなかった(佐川さんもめちゃくちゃ食べる)。今思うと、それは新聞配達の過酷さを物語っていたのだろう。

先輩たちは、新人のときにバイクの乗り方に苦戦したことや新聞配達でキツイと感じることなどをいろいろ語ってくれた。「あぁ、明日から自分も新聞奨学生の一員になるんだぁ」「明日朝起きれるかなぁ」と思った。

寮に戻った私は、つい数日前だとまだまだ寝るには早い時間だが、初出勤に備えて寝床につく。まだテレビもなく、部屋の荷物も少ないのでなんだか寂しい。車の騒音を聞きながら眠りについた。

いよいよ明日から新聞奨学生の仲間たちとの新聞配達の日々が始まる。

ともに戦った「戦友」たち

新聞奨学生の具体的な日々に入っていく前に、ともに過ごしてきた「戦友」たちの、一癖も二癖もあるプロフィールや人間関係についても簡単に紹介しておきたい（図表1に簡単にまとめる）。ちなみに入寮した順番に並べていて、名前はすべて仮名だ。

・小西さん

小西さんは長崎県五島列島出身で、母子家庭だった。母親は中卒か高卒で、将来自分も同じような境遇になるのが嫌だったため大学進学を選択した。家計的にも新聞奨学生でしか、進学が困難だった。

体格は日本人男性のちょうど平均という感じだった。上昇志向が強く、所長やマネージャーの話を熱心に聞くこともあってか、特にマネージャーのお気に入りで、プライベートで飲みに連れて行ってもらっていた。お酒が好きで、宴会事で盛り上げ役を買っていた。

図表1　筆者と同じ販売店に所属した新聞奨学生

仮名（出身地）	学部学科	在籍期間	志望動機等
小西さん（長崎県）	法学部法律学科	11年3月～15年3月	長崎県の五島列島出身で，母子家庭で育ち，現状から脱出したいために大学進学を選んだが，経済面で進学が困難だったので新聞奨学生になることを決意。
村上さん（熊本県）	経済学部経済学科	11年3月～15年3月	熊本の田舎出身で，きょうだいが多かったため，家庭の経済負担を考慮し，新聞奨学生になることを決意。大学進学を選んだのは社会人までの猶予がほしかったから。
佐川さん（鹿児島県）	経済学部経済学科	11年3月～15年3月	複雑な家庭環境をもっていて，他の奨学生同様に経済的理由で新聞奨学生を選択。
徳光くん（山口県）	法学部経営法学科	13年3月～14年3月	親からの支援は可能であったが，母子家庭なので，親の負担を減らしたかったため。また，パンフレットに記載されていた待遇が良いと思ったこと。
武田くん（長崎県）	人文学部歴史学科	15年3月～	他の新聞社（東京都）で新聞奨学生を1年間経験したのち，そこを辞め，しばらくたって福岡大学を受験。現在の新聞社を選んだのは，広告量が少ないなど，仕事の負担度が軽いと思ったから。年齢的には筆者の1歳上。
佐藤くん（福岡県）	法学部法律学科	15年3月～	私立進学の場合の家庭負担は困難であると親から言われていた。また，家を出たいという気持ちと自分以外のきょうだいを抱える親の負担を減らしたいという気持ちがあり，パンフレットの待遇を見て，それらが実現できると思った。
増井くん（大分県）	商学部第二部商学科	16年3月～	大学進学を希望する際に，貧困家庭で母子家庭出身の自分が新聞奨学生制度なしでは大学進学できないとわかった。福岡大学に進学したのは新聞奨学生制度を利用できる大学の一つだったから。

詳しいことは後述するが、当時三年生にして満場一致で寮長を任せられるほど、人柄もよくて販売店内での信頼度は抜群に高かった。

・村上さん

細身で高身長。モデルのようなスタイルの村上さんは初対面で最も衝撃を受けた人だ。「田舎者のヤンキー」。見た瞬間にそう思ったが、全然悪い人ではなく、村上さんには新聞奨学生時代にかなりお世話になった。

複雑な家庭事情があり、きょうだいは上に一人、下に二人。弟と妹の今後の進路がどうなるかわからないということもあり、親に経済的負担をかけたくないということで新聞奨学生を選択。新聞奨学生制度を知ったのは、大学受験合格後に担任の先生から聞いたからだそうだ。

なかなか癖のある性格の持ち主の村上さんは、年上の偉そうにしている人が嫌いで、販売店側の人間と衝突することもたびたびで、自分の考えをまったく曲げない人だった。私や徳光くんをよく可愛がって(?)くれ、三人で遊びに行ったり食事に出かけたりすることもあった。口数はかなり多く、人の好き嫌いがはっきりしている。お酒を飲むのは地元の友達とだけだそうで、私たちの前で飲んでいる姿を見たことがない。

熊本県出身で、方言がかなり強く、その方言にちなんで小西さんや佐川さんは「だご」(熊本県の方言)と呼んでいた。

・佐川さん

かなり小柄だが、運動部に入っていたので、新聞配達をする体力は十分にある。佐川さんもまた家庭の経済的不安のため新聞奨学生を選択。

大学は一年の頃から福岡大学のなかでもかなり規模の大きいダンスサークルに所属していて、自費でダンスレッスンに通うほどダンスに熱中していた。発表会に販売店の人たちを招待することもあり、私も一度だけ販売店の人たちと招待してもらった（私は目が悪いので、どれが佐川さんかはわからなかったのだが……）。夜遅くまでダンスレッスンを受け、帰寮してそのまま朝刊を配ることもあった。

同期の二人と比べると、「不着（配達先への新聞の入れ忘れ）」が多かったり、配達から帰って来るのが遅かったりするが、献身的に販売店に尽くす姿にマネージャーや主任さんから仕事を任されることが多く、飲み会でも所長やマネージャー、主任さんたちにお酒を注ぎに行っていた（村上さんはそういう姿が大嫌いだった）。

・徳光くん

山口県出身の徳光くんは母子家庭だが、自営業を営む実家は特に経済的に豊かでも、貧しいわけでもないらしい。母親の負担を減らしたいという思いで、新聞奨学生制度に魅力を感じ、決意。

かなり天然な性格だが、誰にでも好かれる人柄で、販売店内の全員に好かれており、販売店内の雰囲気を中和してくれる存在だった。私とは、唯一の同期ということもあって、お互いに販売店を離れたあとも親交があった。

同じ学部の先輩の小西さんにさまざまなことを教えてもらったこともあって、一年間の新聞奨学生生活を通じてかなり成長した印象がある。

・武田くん

武田くんはうちの販売店の奨学生のなかでもかなり異色な経歴の持ち主だ。長崎県出身だそうだが、卒業後は高校の先生のコネで、東京で別の新聞社の新聞奨学生として一年間の浪人生活を過ごす。そのあとは実家で休養期間を挟み、福岡大学を受験。私よりも年齢は一歳上だった。

初対面では、とてもしっかりとした人という印象で、マネージャーも思わず背筋が「ピン」となるような感じだったという。当初は、私よりも年上なので「さん」と呼べばよいのか「くん」と呼べばいいのか迷ったが、本人の希望で私は「くん」を付けて呼んでいた。

意外と考え込んだりする性格だそうで、販売店側と衝突することもあった。

・佐藤くん

佐藤くんには兄と妹がいて、両親とも健在だが、経済的にはあまり豊かではないらしい。また、親元から離れて自立したいと思っていたこともあって新聞奨学生を選択。

仕事に関してはかなり苦労しているそうだが、一生懸命にがんばるタイプだ。

汗をかかないという体質らしく、その影響もあってか、スポーツなどは特にやってこなかった。

・増井くん

増井くんは、第二部商学科に所属の夜間学生だ。

私や小西さんとかなり近い家庭環境で、福岡県外出身の増井くんは、新聞奨学生制度を利用しなければ進学はほぼ不可能だったという。

かなりがっちりとした体格で、仕事ぶりがよく、とても優秀な配達員で、入寮して数か月で多くの区域を配達している。

高校時代は運動部に所属していて、大学でも同じスポーツのサークルに所属している。

彼らの販売店内での人間関係も紹介しておく。

小西さん、村上さん、佐川さんは同期入会で、入学当時は三人仲よく通学したり、授業を受けたりしていた。村上さん、佐川さんは同じ学部学科で、学籍番号も近いこともあって授業がほとんど被っていたという。だが、あることをきっかけに、犬猿の仲になった。私も二人が会話しているところをいっさい見たことがない。また、あえて時間をずらして食事をとるほどだ。小西さんはあくまで二人に対して中立のポジションで、プライベートで二人との付き合いがあった。

徳光くんは私と同期で、配達については、小西さんから徹底指導を受けていた。また、学部の先輩でもある小西さんから時間割の組み方を教えてもらったり、就職活動について聞いたりと、かなり世話になっていた印象がある。

二〇一三年度は私を含め、この五人の奨学生が販売店に所属していて、二〇一四年度は私、小西さん、村上さん、佐川さんの四人だった(すぐに退寮した四年生がもう一人いたが、詳しくは後述)。

なぜ、新聞奨学生に？――それぞれの選択過程

新聞奨学生という厳しい道を選択したのには、何かしらの理由がある。私の場合は、これしか進学する道がなかった。私が見てきた新聞奨学生たちのなかに「ただなんとなく」といったような理由で入ってきた者はほとんどいなかった。

私の「戦友」たちが、どのような思いで新聞奨学生という道を選択したのか、どのような過程を経て新聞奨学生になったのかを紹介したい。

まず、どういった経緯で知ったのか。

私の場合は、高校の掲示板と母が持ってきたパンフレットだった。掲示板で見たときは、広告のなかに「自力進学」という、いかにも「自己責任」的な言葉が掲載されていたのを覚えている。また、当時、仲がよかった英語の先生も新聞奨学生経験者で、「がんばれよ」と言われた。

村上さん、武田くん、増井くんは高校の進路相談の機会のときに担任から聞いたそうだ。

村上さんは、福岡大学進学が決まったあとに、担任から「こういうのがあるよ」と紹介された。村上さんによると、本人に伝える前に、担任の先生が村上さんの親に新聞奨学生制度を紹介していたそうだ。村上さんの母校では、大学進学をする人が少数で、なおかつ担任が、村上さんにきょうだいが多いのを知っていたからだと思う。担任としても、なるべく家庭に負担がかからないようにという思いがあったのではないだろうか。

武田くんは、うちの販売店に来る以前に、東京で他社の新聞奨学生をしていた。担任の知り合いが東京の新聞社で働いていて、その「ツテ」で新聞奨学生をやることになったそうだ。そこは一年で辞めることになり、福岡に戻って今の新聞社の奨学生をやることになった。東京で務めていたときの新聞社ではなく、今の新聞社を選択したのは広告量が少なく、前の新聞社より仕事の負担が少ないと思ったからだそうだ。

増井くんも母子家庭で、家にお金がないということで、同じく担任の先生から紹介されたそうだ。

徳光くんが知ったきっかけは、自宅に届いた郵便物だった。当時、実家で購読していた新聞社の新聞奨学生パンフレットだったらしい。実際に新聞奨学生制度を利用した新聞社とは違う新聞社のパンフレットだった。

次に、彼らが新聞奨学生を選択した背景に、どういった思いがあったのかを見ていきたい。

私の場合はすでに話したとおりだ。家庭で学費を捻出できないために新聞奨学生制度を選択するしか方法はなかっわけだが、他の奨学生たちも経済的な理由で新聞奨学生という道を選択していた。

たとえば、私とほぼ同じような家庭状況の増井くんや、両親健在だがどうしても学費を捻出できなかった武田くんがそうだ。新聞奨学生時代の会話を振り返ると、小西さんや佐川さんもまた同じように学費の捻出がどうしてもできない家庭状況だったために新聞奨学生を選んだと思う。

だが、家庭の貧しさにも度合いがある。私や小西さんたちのような家庭の力ではどうしても学費を捻出することができない状況に置かれた者もいれば、学費を捻出することはなんとか可能だが、大学進学することによって家計がいっそう苦しくなる状況に置かれた者もいる。

後者にあてはまるのが村上さんや佐藤くんだ。彼らに共通しているのは、きょうだいの多さ。長男や長女が大学などに進学した場合、それまでとは学費がけた違いにかかり、そのしわ寄せは下の弟や妹たちにのしかかる。

村上さんは次男だが、弟と妹がいたために自ら新聞奨学生を選んだ。佐藤くんは、兄がすでに私立大学に進学していて、自分も進学することによってさらにそのしわ寄せが妹にいかないように新聞奨学生を選んだ。

また、徳光くんは一人っ子だが、母子家庭。本人によると新聞奨学生制度を利用しなくても進学できたそうだが、本人が把握できていないだけで、実際には、大学進学をすることで家計が厳しくなる状況だったかもしれない。徳光くん本人の思いとしては、母の負担を少しでも軽くしたいために新聞奨学生を選んだということだった。

彼らの選択過程を見てみると、たしかに「自力」で進学を選択せざるをえない者のほうが厳しい選択をしたように思えるが、一方で、「自力」で進学する必要のない者たちは、親やきょうだいなど家族を思いやる気持ちがあり、それには強い責任のようなものさえ感じられる。いずれにしても、新聞奨学生という道を選んだ者たちの背景には家庭の経済的困難が見られる。

佐藤くんの場合は、「家を出たい」という強い気持ちもあったが、家族を思いやる気持ちも強く、純粋に「社会に出る経験を積むため」というような志をもって新聞奨学生になった者は、私のまわりにはおらず、貧困が背景にある者ばかりだった。

だが、貧困は決して彼らだけの問題ではない。全体的に学生が「貧困化」してきている実態がある。学生が一人暮らしをする場合、学生生活を成り立たせるためには、授業料とは別に生活費もかなり必要になってくる。かつては、その生活費の大部分が家庭からの仕送りによって支えられていた。

しかし、二〇一六年の東京地区私立大学教職員組合連合の「私立大学新入生の家計負担調査」では、仕送り額が過去最高だった一九九四年の一二万四九〇〇円から減少し続け、一六年度は八万五七〇〇円と過去最低になっている。その一方で、毎月の家賃は上昇し続け、その結果、一六年度の毎月の仕送り額から家賃を引いた一か月当たりの生活費は二万三七〇〇円で、一日当たりの生活費は七九〇円だ。ピーク時の一九九〇年度は、一か月当たりの生活費が七万三八〇〇円で、一日当たり二四六〇円だった。

これがどれだけ厳しい数値なのかを示したのが、図表2の学生が一人暮らしをするときにかかる生活費だ。

食事だけでも、月当たり平均で二万一九七五円かかり、これは先の調査結果の一か月当たり二万三七〇〇円とほぼ同額だ。つまり、仕送りだけで十分に学生生活を成り立たせることのできる学生が全体的に減ってきていることがデータから読み取れる。また、大内裕和『奨学金が日本を滅ぼす』によると、仕送りゼロの学生も増加していて、約一割もの学生が仕送りゼロで生活しているのが現実だ。

「学生の貧困化」は一人暮らしの学生だけの問題ではない。自宅生であっても、通学費や教材費、課外活動費などの費用が高校より高額になり、家庭からの支出が苦しくなっている可能性は十分にある。

学生が「貧困化」した最大の要因は、賃金減少による親世代の貧困化だ。それに加え、すでに説明した授業料の高騰によって、これまで仕送りにあてられていた費用が減少した。

もう一つの要因として「大学の大衆化」がある。大学は従来、経済的資源が豊かな「エリート層」が進学する場だった。しかし、大学進学率の上昇により、「エリート層」だけではなく、幅広い階層の学生が大学進学をめざすようになった。しかし、大学進学率の上昇とともに授業料も高騰したため、経済的資源の乏しい「非エリート層」にとっては大学進学がかなりの負担になっている。

「非エリート層」出身である新聞奨学生たちは、経済的理由によりこの制度を選択

図表2　学寮生を除く自宅外通学者の学生生活費の内訳
（大学昼間部）

（単位：円）

	国立	公立	私立	平均（月当たり）
食費	284,700	245,100	255,900	263,700（21,975）
居住・光熱費	487,500	441,300	429,700	447,900（37,325）
保健衛生費	36,000	39,100	36,400	36,500（3,041）
娯楽・し好費	135,800	139,800	143,900	141,200（11,766）
その他の日常費	146,900	157,400	150,100	149,700（12,475）
小計	1,090,900	1,022,700	1,016,000	1,039,000（86,583）

出所）日本学生支援機構「平成26年度学生生活調査」より筆者作成。

している。経済的理由と一口に言っても、入学金や入学以降の学費を負担できない者もいれば、自宅外通学の生活費の負担が困難な者など一様ではない。しかし、新聞奨学生制度を選択せざるをえない状況は、今日の「学生の貧困化」の実態を表している。

いざ、配達へ――「研修」の日々

入寮した日の翌日、さっそく朝刊から「研修」が始まった。起床は三時。まだ外は暗く、けっこう寒い。販売店からもらったジャージとヘルメットを持って職場に降りる。

つい前日カブの乗り方を覚えたばかりで、配達区域や配達の手順などまったくわからないので、初日は教育係の後ろをバイクで付いていくことに徹する。私の教育係は二学年先輩の佐川さんだ。昨日の食事会には来なかったので、これが初対面だ。佐川さんは同期の小西さん、村上さんに比べてかなり小柄だった（たぶん一六〇センチぐらい）が、すばしっこそうな感じがする。前日の村上さんとは違って口数は少なかったが、配達前に、わからないことがあったら聞くことと、順路帳（詳しくは後述する）と呼ばれる配達経路が記載されているものを確認しながらとりあえず後ろを付いてくるように、と言われた。

新聞を積んでいるトラックが店の前にやって来た。さぁ、いよいよ新聞配達の開始だ。

新聞は六〇部が一まとまりになっていて、トラックのおじさん→トラックと店の間の中継役→店のなかへとバケツリレー式にどんどん投げ込まれていった。中学のバイト時代は見なかった光景で、当時はおそらく私がすぐに配達できるようにあらかじめ用意してくれていたのだろう。そして、そこから用意された折り込みチラシを新聞に一部ずつ入れていく。折り込みチラシとは朝刊新聞に毎朝はさんである、スーパーなどのチラシのことだ。この作業を折り込み作業と言うのだが、早ければ早いほど配達の出発が早くできる。長年新聞配達をやってきた販売店社員よりも新聞奨学生たちのほうがかなり早い！　この「折り込み作業」が終わると次は新聞をバイクに積む作業に移る。私が担当することになる区域はだいたい二五〇部程度の新聞を積まなければならないらしいが、佐川さんはそれをバイクの前カゴ、後ろの荷台に分けて全部積んでいく。前カゴには新聞のタワーが建っている状態だ。

新聞を積み終わったところで、やっと配達スタートだ。

佐川さんは、カブではなくスクータータイプの配達用バイクだ。スクーターと言っても一般に乗られているスクーターよりはるかに大きく、重量も相当ある。他の先輩奨学生たちもみなスクータータイプだ。スクータータイプはカブとは違い、ギアがなく、トップスピードまで速度を上げるのに時間がかかるが、佐川さんはカブに乗っている私よりも速い。スタート、ストップ、バイクの乗り降り、それらすべての動きに「キレ」があるように見えた。このキレッキレの動きを早くものにしたい。また、左手に順路帳を持ち、右手でアクセルを回す後ろ姿に、当時まだ三年目に突入したばかりなのに熟練を感じた。

新聞配達は意外とバイクに乗っている時間が短く、自分の足で走っている時間のほうが長い。あとで詳しく話すが、階段の上り下りなどが非常に多いのだ。私は、佐川さんがバイクを降りてポストに行くまでの間、順路帳を見て道順や次の配達先をチェックし、余裕があれば佐川さんと一緒に階段を上り下りする。また、ポストの位置や新聞の入れ方が特殊な顧客の場合も佐川さんが私を呼んで教えていく。

こうして配達の研修をしていくのだが、新聞配達のハードさは予想を超えるものだった。新聞配達のキッさは「朝が早い」ことが一番だと思っていたが、少ない人員で、さまざまな運転技術（ブレーキ、Uターン、スタンドを立てる、バイクの乗り降りなど）が求められ、そのうえ寝不足なども相まって、とにかく肉体的にハードなのだ。少しでも早く配達を終わらせることが求められるため、いかにして時間を短縮していくかといった面にある種の「競技性」のようなものさえ感じた。初日の研修は驚きの連続のなかで終わった。

空が明るくなった頃、最後の配達先に配り終え、販売店へ帰る。その日はちょうど週に一度のバイク磨きの日（毎週日曜日）だったので、佐川さんにバイクの磨き方を教わった。他の先輩たちはもうすでに配達を終え、帰ってきていた。

バイクを磨いているうちに、販売店社員たちも続々と帰ってきた。うちの販売店は目の前に信号があり、その信号をUターンしながら販売店の目の前の歩道にバイクを停める。朝刊終わりのさわやかな明るさ、まだ車通りの少ない大通りから帰ってくる姿に、思わず『アルマゲドン』の主題歌「I Don't Want To Miss A Thing」が聞こえてくるような気がした。まさしく配達という「戦い」から帰ってきた戦士のようだ。自分もあんなふうに一人前になりたいと、そのときだけはちょっと思った。

バイクを磨き終えると、次は順路帳を見ながら配達順路の復習だ。朝刊を配達しているときは真っ暗闇で道もよくわからないが、順路は意外と近い場所をグルグルと回っていたりするので、それを確認するのだ。また、わかりにくかった場所や注意が必要な場所の確認もする。

以上のことを確認すると、今度は配達区域にもう一回出て「空回り《からまわ》」をする。朝刊時とは違い、空が明るいため順路がどのようになっているかがよくわかる一方で、通勤時間に入っていくため安全面に配慮していく必要がある。空回りでは、新聞を積まないので、積み荷の重量を感じずにバイクの運転を楽しむこともできる。

空回りはあくまで順路を確認するための「自主練」のようなものなので、どれくらい行うかは個人の順路を覚えるスピードによる。私の場合は二回程度だったが、徳光くんの場合、五回以上は空回りをしていた。

順路の回り方や新聞の入れ方、新聞を積んだ状態での運転、これらをサポートなしで、一人で配達できるようになるまでがおそらく「研修期間」にあたる。そのため早く覚えればその分だけ「研修期間」が短くなる。研修期間の長さは個人差があるが、おおよその平均は一～二週間程度だそうだ。私は四日間で、徳光くんは「空回り」しすぎたのか一〇日程かかった(笑)。この研修期間に要した長さによって配達員としてどれだけ優秀かという第一印象が決まる。

徳光くんよりも早く研修を終えた私は、「鍛錬」の日々へと入っていった。

第2章

新聞奨学生制度とは？

新聞奨学生制度の概要

新聞奨学生制度とは、その名のとおり、新聞を配ることによって奨学金を得て、学業と新聞配達を両立させる制度だ。職務内容としては基本的に、朝・夕の配達と集金活動を行うのだが、新聞社、販売店によって異なっている部分がある。たとえば、私の所属していた某新聞社の某販売店では基本どおりだが、東京地区では集金活動は任意とされている。また、産経新聞社だと、そもそも夕刊新聞を発行していないので、朝刊のみの配達となる。

奨学金とは別に給料ももちろん支給される。地区によってかなり違うが、各新聞社で七万〜一六万円（同じ新聞社でも地区によってかなり差がある）ほどだ。ボーナスも微額だったが、支給された。私が所属していたときは先輩たちのほうがたしか多く（年功序列によるものではない！）、私のボーナスは先輩たちの一〇分の一か三〇分の一か月分だった（もはやお小遣いだ）。所長とマネージャーによると、私と徳光くんの代からボーナスが削られ、その分給料が上がったかららしい。

奨学生たちは販売店の寮か近くのアパートに強制的に収容されるが、家賃は基本的にタダだ。光熱費も定額で経済的にはまったくと言っていいほど困ることはない。寮食も朝・晩と付いてくる（ただし、代金は給料から天引き）。

以上のような、新聞奨学生としての業務内容や待遇・福利厚生は各新聞社のＨＰやパンフレットに記載されている。

私は大学に入ったあとに新聞奨学生研究をする際、朝日、読売、毎日、日経、産経の五社のパンフレットを手に入れてみた。新聞奨学生制度はあくまで民間の奨学金制度で、日本全国で行われているというわけではなく、高等教育機関が集中している都市部だけで行われている。また、各新聞社に資料請求したところ、朝日からは「福岡県では実施しておりません」という案内書が同封されていた。つまり、新聞奨学生制度はかなり限定的な都市部だけで実施されているのだ。

各新聞社の制度の相違

新聞奨学生制度を採用しているのは読売新聞社、朝日新聞社、毎日新聞社、産経新聞社、日本経済新聞社の五社。地方紙であれば、西日本新聞社も奨学生制度を採用していたそうだが、現在は廃止されているようだ。

- **読売新聞社**（読売育英奨学会）

ＨＰによると、読売の奨学生制度は新聞業界において最も歴史のある奨学生制度だそうだ。二〇一

図表3　各コースの業務と待遇

	Cコース	Bコース	Aコース
業務時間	1日平均4.5時間。	1日平均5時間未満。	1日平均6時間。
業務内容	朝刊の配達業務，購読料金の集金業務，チラシの折り込み，読者PRおよび事務処理などの付随業務。	朝・夕刊の配達業務，チラシの折り込み，読者PRおよび事務処理などの付随業務。	朝・夕の配達業務，購読料の集金業務チラシの折り込み，読者PRおよび事務処理などの付随業務。
給与	月121,160円（早朝手当てを含む)。	月123,024円。2017年4月実績（早朝手当て含む)。	月169,440円。2017年4月実績（早朝手当て含む)。
賞与	なし。	年2回（7月・12月）支給，30,000円以上。	年2回（7月・12月）支給，50,000円以上。
休日	週休制（1週間に1回)。	4週間を通じて6日間。	4週間を通じて6日間。
休暇	初年度10日間（以後，労基法にもとづく)。	初年度10日間（以後，労基法にもとづく)。	初年度10日間（以後，労基法にもとづく)。
備考	採用に限りあり。		

出所）読売育英奨学会HPより筆者作成。

八年度入学生が第五四期生となる。卒業生の数も八万人を数える。

読売の場合、コースが三つ設けられていて、それぞれのコースで業務や待遇が異なっている（図表3）。

Cコースは、「進学する学校の授業がYC（読売センター）での業務に支障が出る場合などに適用となります」と記載されていて、採用に限りがあるということなので、実質AコースかBコースの二者択一なのだと思う。

配達は自転車もしくは原付バイクを使用する。東京二三区内では自転車が中心で二三区以外はバイクでの配達が中心となる。ただし、どの場合にも対応できるようにと、原付免許の取得を入店（入寮）までに求めている。

図表4　各コースごとの返済免除額

Cコース	返済免除額
1年制	100万円
2年制	200万円
3年制	300万円
4年制	400万円

Bコース	返済免除額
1年制	110万円
2年制	220万円
3年制	330万円
4年制	440万円

Aコース	返済免除額
1年制	130万円
2年制	260万円
3年制	390万円
4年制	520万円

出所）読売育英奨学会HPより筆者作成。

集金業務は「毎月二三日頃から翌月の一五日まで」となっているので、一か月のほとんどが集金期間ということになる。また、「月末までに担当地区の約八五％集金が、一〇〇％集金に向けての目安」とあらかじめ募集要項に目標値が設定されているのが特徴的だ。私が在籍していた新聞社の福岡地区では、集金期間は月末の一週間となっていて、目標値もあらかじめ設定されてはいなかった。読売の集金業務に対する圧力はかなりのものだということが感じられる。

事務処理は配達担当区域の順路帳、読者一覧表などの資料の作成を行う。付随業務には、店内の電話当番、不着当番、掃除当番などがある。

保険は、社会保険（Aコースのみ）、労災保険、自転車・バイク保険加入となっており、B・Cコースは国民健康保険、国民年金に個人で加入しなければならない。

法定控除は、社会保険の本人負担分（Aコース）、所得税、住民税（二年次～）、その他引かれるものは食費二万九〇〇〇円（食事の用意は販売店ごとに異なる）、光熱費（使用料金）などとなっている。

読売では、「奨学金を給付」ではなく、「学費を一旦立て替え、業務をやり切れば、立て替えた分を免除」するかたちをとっている。その返済免除額は、これまた各コースによって異なっている。

たとえばAコースであれば、学費五二〇万円の四年制大学にタダで通うことができるということだ（図表4）。もしそれ以上の授業料が必要な学校に通うのであれば、「返済免除額を超える金額を奨学会が学費として立て替えた場合、その差額を卒業年度の二月末まで」に支払う必要がある。

読売は卒業時に卒業祝金として三〇万円（四年制の場合）が支給されるのも魅力的だ。

制度適用校（首都圏）としては、青山学院大学、早稲田大学、慶應義塾大学、日本大学などなど、名だたる名門校が数多くあげられている。しかし、「上記以外の文系大学は奨学会にお問い合わせください。教育学部（教職課程を含む）、理工系学部、芸術系学部は原則として適用外となります」と記載されていて学部学科の制限がある。専門・各種学校や予備校でも奨学生制度が利用可能だ。

学校でのクラブ活動、サークルへの参加、アルバイトはいっさい禁止となっている。

保証人については、学費立替依頼書に署名、捺印する連帯保証人が二人必要で、一人目は保護者、二人目は一人目と生計を別にする保証能力のある者を立てる必要がある。

・朝日新聞社（朝日奨学会）

朝日奨学会は発足から五〇年目を迎え、卒業生は九万三〇〇〇人を数える。

朝日では、二つのコースからどちらかを選択する（図表5）。給料や休みといった待遇面では読売とあまり変わらない。

一方で、奨学金については読売と大きく異なる点がある。各コースの奨学金支給額と学費貸付制度

図表5　各コースの待遇

	Aコース	Bコース
給料	月額平均152,240円（早朝手当を含む）。 毎年昇給あり。	月額平均123,024円（早朝手当を含む）。 毎年昇給あり。
業務	朝夕刊の配達，集金，付帯業務。1日平均6時間程度の業務。	朝夕刊の配達，付帯業務。1日平均5時間程度の業務。
特別手当	年2回（夏・冬）支給。	
休日	隔週2日制（4週を通じて6日間の休日）。	
休暇	年次有給休暇は労働基準法に準ずる。	
食事	一部の販売店で用意（自己負担額は29,000円）。	
宿舎	販売店内か近くのアパートを提供。部屋代は無料。光熱費等は自己負担。	
保険	労災保険，団体傷害保険に加入。健康保険は自己加入。定期健康診断は年2回実施。	
通学交通費	通学定期代で月額5,000円を超えた場合，超過額をASA（朝日新聞サービスアンカー）が補助。	

出所）朝日奨学会HPより筆者作成。

についてまとめた図表6・7を見てほしい。

奨学金の支給額については、Aコース、Bコースとも読売とほとんど変わらないが、読売は「学費を一旦立て替え、業務をやり切れば、立て替えた分を免除」するかたちをとっているのに対し、朝日は「支給」するかたちをとっている。しかも、支給時期は、入学後（もしくは新年度開始後）からかなり間が空く。つまり入学時にかかる費用は奨学生が何らかのかたちで、自己負担しなければならないということだ。この制度だと、他の一般の奨学金、たとえば入学後に奨学金が支給される日本学生支援機構の奨学金と変わらない（とは言っても朝日の奨学金は返還なしという点で大きく利点があるが）。

図表6　各コースの奨学金支給額

Bコース		Aコース	
4年制	440万円	4年制	520万円（440万円）
3年制	330万円	3年制	390万円（330万円）
2年制	220万円	2年制	270万円（220万円）
1年制	110万円	1年制	130万円（110万円）

注）Aコースのカッコ内の金額は最低支給額。学費の実費がこの金額に満たなかった場合は，卒業時に差額を支給。

出所）朝日奨学会HPより筆者作成。

図表7　朝日奨学会の学費貸付制度

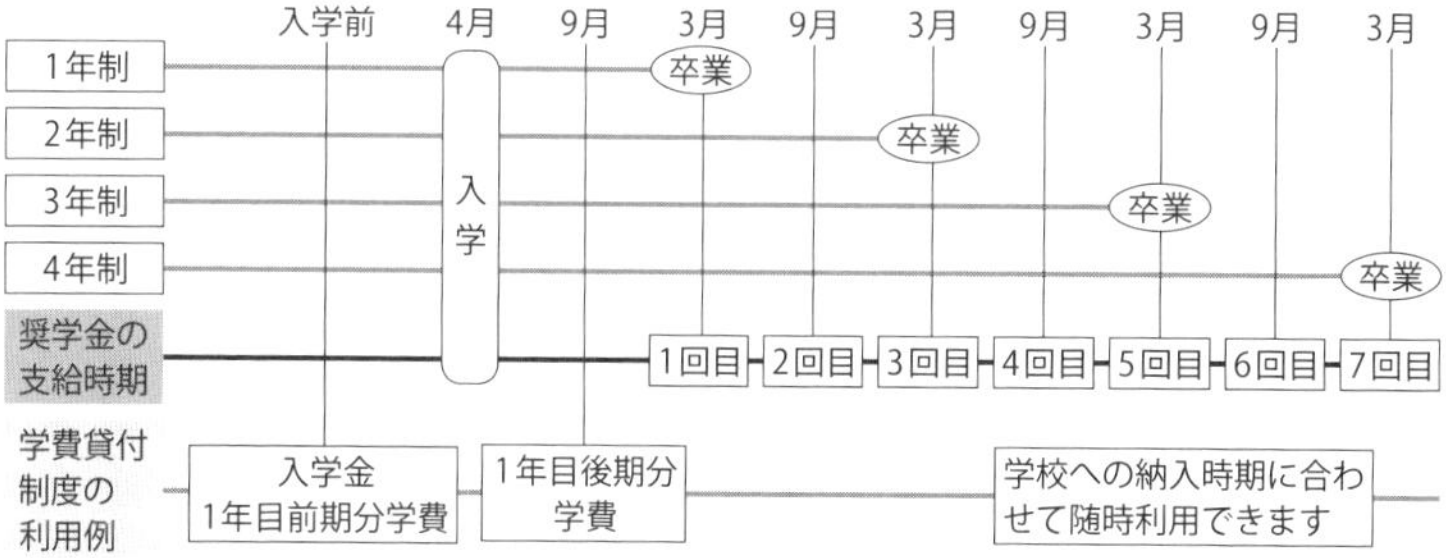

	Aコース	Bコース
貸付限度額	入学金，授業料，施設費，実習費，教材費（学校納付金）の全額※	奨学金支給額※
返済方法	奨学金にて返済（借入金額が奨学金上限額を上回る場合は，卒業時に一括返済）	奨学金にて返済

注）入店前の貸付限度額は100万円。入学時学費が100万円を超える場合は，超過額を入店後に追加貸付。

出所）朝日奨学会HPより。

これだけでは、たとえば私のような入学時の費用を用意できない学生は入学できない。そもそも新聞奨学生をやろうと思う人は、経済的困難を抱えている場合がほとんどだろう。そのため、朝日では「学費貸付制度」を設けている。これは、入寮する前に学費を借りられる制度だが、いわゆる借金なので、連帯保証人を立てる必要がある。

また、朝日は支給額限度内であれば、教材費も出してくれるのが他社の育英会と異なる点だ。HPでも「教材費を支給するのは朝日だけ!!」と、「売り」にしている。

さらに、Aコースの場合、図表6のカッコ内の最低支給額に学費の実費が満たなかった場合、その差額を卒業時に支給してくれる。たとえば、私が卒業した大学の学科は四年間で三五〇万円程だったので、単純計算すると朝日を利用していれば、卒業後に一〇〇万円もらえたわけだ（実習費や教材費は除いている）。これはかなりありがたい。大学卒業後の生活を余裕をもって迎えることができる。

適用校は読売と同様だが、「学業と仕事との両立ができるカリキュラムを組める学校（学部・学科）で奨学制度が利用でき」ると記載されていて、利用できないおもな学部・学科は理工系・医療福祉関係・保育関係・海洋水産関係などとある。

読売のように部活・サークル活動の制限については記載がなかった。

保証人については、「学費貸付制度を利用するには連帯保証人が必要となります」と記載されていて、入会申込みに際しての保証人の有無は記載されていない。

・毎日新聞社（毎日育英会）

毎日育英会は、一九六八年に設立されていて、東京、大阪、名古屋、福岡に事務局があり、現在（二〇一七年）までに七万六〇〇〇人以上の奨学生を送り出している。

コースは三つから選ぶが、読売と同様に「Cコースは一部の学校・地域のみに適用」とあるので、実質二者択一だ（図表8・9）。

図表8　各コースの業務形態

コース名	新聞配達		集金業務	付随業務	1日の勤務時間
Aコース	朝刊	夕刊	あり	あり	平均6時間
Bコース	朝刊	夕刊	なし	あり	平均5時間
Cコース	朝刊		あり	あり	平均4時間

出所）毎日育英会HPより筆者作成。

奨学金の仕組みについては非常にわかりにくくなっているが、名古屋、大阪、福岡のそれぞれの事務局のHPや私が入手した二〇一六年度のパンフレットを参考にすると、学費貸付制度（無利子、任意）を利用し、毎月支給される奨学金や給与から借りた分を卒業（または退寮）までに返済するという仕組みになっている（図表10）。入学前に利用できるかどうかの明確な記載はないが、二〇一六年度版のパンフレットには「志望校合格後、入学金などを納入しなければなりません。毎日育英会には、無利子の学費貸付制度があります」という記載があるので、入学金などを用意できない者でも進学可能にするため、朝日と同様な入学前の貸付制度を利用できるようにしてあるようだ。

毎日には、日本で唯一の新聞奨学生のために設立された予備校「毎日セミナー」があったが、二〇一六年には長い歴史に幕を閉じている。

保証人は、朝日と同様に、貸付制度を利用する場合に、第一保証人に親

図表9　各コースの業務内容と待遇

	Aコース	Bコース	Cコース
給与 （月額平均）	155,376円	123,024円	111,037円
賞与	年2回（7月，12月）	年2回（7月，12月）	年2回（7月，12月）
休日	4週を通じて6日	4週を通じて6日	4週を通じて4日
休暇	初年度10日の有給休暇（6か月勤務後）2年目以降，毎年1日ずつ加算（労働基準法準拠）。		
部屋	個室（販売所内またはアパート）を用意。部屋代は無料で，エアコン付き（構造上の問題で，設置していない販売所もある）。水道・光熱費は自己負担。		
食事	一部の販売所で食事を用意。朝・夕食が販売所内で用意される場合は29,000円を給与から控除。新聞が発行されない日（休刊日）の朝・夕食の用意はなし。		
保険	「健康保険個人カード」，または「国民健康保険証（自己負担）」を利用。「毎日奨学生医療共済制度」により，通院・入院した場合の保険治療費の自己負担（3割）はなし。労働者災害補償保険，傷害保険（ケガ）に加入（保険料の自己負担はなし）。 業務外のケガなども保障する「毎日奨学生総合保障制度」も加入可能（任意）。		
定期代	月額5,000円までは自己負担。5,000円を超える場合は，超過分を販売所が補助。		
赴任旅費	毎日育英会規定により支給。		
ユニフォーム	入会時，スタッフジャンパーを全員に用意。女子には防犯ブザーも用意。		

出所）毎日育英会HPより筆者作成。

図表10　各コースごとの返済免除額

年制	コース	1年次	2年次	3年次	4年次	合計	備考
4年制	A	130万円	130万円	130万円	130万円	520万円	表示金額は返済免除限度額。各年制における各年次の最低保証額はA・B・Cコース共通で100万円（毎年度末まで在籍した場合）。※独学生を除く。
	B・C	110万円	110万円	110万円	110万円	440万円	
3年制	A	130万円	130万円	130万円	−	390万円	
	B・C	110万円	110万円	110万円	−	330万円	
2年制	A	130万円	130万円	−	−	260万円	
	B・C	110万円	110万円	−	−	220万円	
1年制	A	130万円	−	−	−	130万円	
	B・C	110万円	−	−	−	110万円	

出所）毎日育英会HPより筆者作成。

権者、第二保証人に独立した生計を別に営む人を立てる必要がある。

・産経新聞社（産経新聞奨学会）

読売のアピールと食い違うのだが、HPによると産経新聞社は、一九六三年に新聞社で初の「新聞奨学生制度」を設立したという（これはどういうことだ?!）。

産経新聞には、他の四社とは違い、夕刊配達がない。そのため、他社に比べて仕事にあまり左右されずに学生生活を過ごせるのが大きな魅力であることを「売り」にしている。先述した三社とは違い、コース選択はない。

夕刊配達がないことは大きな魅力だが、産経の奨学会事務局が置いてあるのは東京と大阪のみだ。四週四休で、給料は低く抑えられている（図表11）。

また、産経は夕刊配達がないという大きなメリットがあるにもかかわらず、産経の新聞奨学生制度を申し込めるのは東京と関西圏の大学に進学した場合のみだ。

奨学金の仕組みについては、これまたしっかり読み込

図表11　仕事内容や待遇

配達	平均3時間位。配達には販売所で用意するバイクを使用（一部自転車区域あり）。朝刊の配達開始時間は午前3時頃から（ただし販売所に新聞が到着する時間によって異なる）。入会までに原付バイクの取得を推奨。
集金	集金は自分の配達している読者が対象。
販促	チラシ広告などの折り込み作業。PR宣伝物の配付。以前の読者に再購読をすすめるなどの販促活動がある。
給料	毎月118,500円（H29年4月実績）。
休日	週休制（4週4休）。
休暇	初年度の有給休暇は6か月後から1年間に10日ある（労働基準法準拠）。
食事	自炊や外食が基本。
部屋	プライベートタイムが確保できる個室を無料提供。

出所）産経新聞奨学会HPより筆者作成。

図表12　奨学金について（4年制大学の場合）

勤続年数	毎月支給額	毎月支給額合計	貫徹奨学金	年額
1年次	50,000円	600,000円	180,000円	780,000円
2年次	50,000円	600,000円	180,000円	780,000円
3年次	60,000円	720,000円	180,000円	900,000円
4年次	60,000円	720,000円	180,000円	900,000円
卒業祝金	640,000円			
奨学金合計	4,000,000円			

出所）産経新聞奨学会HPより筆者作成。

まないと理解しにくい。図表12に、産経の四年制大学の場合の奨学金の仕組みを示した。他社の四年コースと比較してもらいたい。

産経の場合は、「奨学金を支給」するかたちをとっている。三年次以降に毎月の支給額が上がる仕組みだ。毎月、一年間やり切ったときに支給される貫徹奨学金、四年間やり切ったときに支給される卒業祝金の三つのパターンで支給される。

しかし、この方法では入学後の支給なので、朝日、毎日同様に学費の貸付制度を設けている。貸付金の上限は「就業年限の奨学金総額以内」で、四年制大学の場合は、四〇〇万円となる。ただし、初年度の貸付上限額は一二〇万円としている。貸付金を利用した場合は、毎月の支給額、貫徹奨学金は貸付金の返済にあてられる。

読売と同様に卒業祝金が支給されるが、実質的にこの卒業祝金も貸付金の返済にあてられるので、はたして卒業祝金と言ってよいのかはわからないが……。

学費の貸付については「(一) 奨学金借用証書 (印鑑証明書・課税証明書〈前年の収入がわかるもの〉) 添付」(二) 学費振込み用紙 (三) 自己負担金 (〝奨学金貸付限度額〟を超える場合の、超過分は自己負担となります)」とだけ記載されていて、利用の際の保証人については不明だ。

・日本経済新聞社 (日本経済新聞育英奨学会)

日本経済新聞育英奨学会が発足したのは一九六八年。東京以外の地区は、大阪・岡山・広島地区、福岡地区、北海道札幌地区がある。

図表13　待遇

給与	月123,100円以上。
住居	全NSN（ニュースサービス日経）完全個室，部屋代は無料。
食事	朝食と夕食は各NSNで用意します。食費は29,000円以内（1か月分・実費精算）。※一部店舗により異なる。
休日	4週6休制。休みは授業のスケジュールなどの都合に合わせてNSN内で調整して決定。
昇給	年1回（4月）。
賞与	年2回，7月と12月に支給。
各種保険	労災保険，傷害保険に，全NSNが加入。保険料の自己負担はなし。
有給休暇	初年度は（入店6か月後）10日，2年目11日，3年目12日，4年目14日（労働基準法準拠）。
定期健康診断（各店実施）	健康的な奨学生生活を過ごすために，春と秋に定期健康診断を実施。
カウンセリング	仕事や生活上の悩みはNSNに相談できる。
その他	(1) 交通費：通学定期代が1か月5,000円以上の場合，差額をNSNより補助。補助額は1か月5,000円が限度。 (2) 服装：ユニフォーム，レインウェアを全奨学生に貸与。 (3) 就職活動支援：就職に際して，希望者には日経育英奨学会理事長の推薦状を発行。

注）日本経済新聞育英奨学会HPより筆者作成。

東京地区版では、「東京地区で一番奨学生が多く、女子学生もたくさん在籍」や「集金業務なし」、「卒業後の就職をバックアップ」などを「売り」にしている。

産経と同様に、業務コースは一つだけだ。

「集金はなし」となっているが、希望者には別途報酬を支給することになっている。

「保険料の自己負担はなし」と記載されているが、所得税、国民健康保険料等は自己負担となっている（図表13）。

また、日経は新聞奨学生と一般の学生との生活費の比較

図表14　首都圏の大学生の平均生活費

一人暮らしの場合		
収入	（親からの仕送り＋アルバイト）	
支出	住居費	60,000円
	食費（朝・夕）	30,000円
	昼食	15,000円
	水光熱費	6,000円〜12,000円
	電話代	5,000円〜15,000円
	交際費	30,000円
	支出合計	146,000円〜162,000円

日経奨学生の場合		
収入		126,500円
支出	居住費	0円
	食費（朝・夕※）	29,000円
	昼食	15,000円
	水光熱費	3,000円〜6,000円
	電話代	5,000円〜15,000円
	交際費	30,000円
	貯金・繰り越し	31,500円〜44,500円
	支出合計	126,500円

注）※は各販売店で用意。
その他の金額は個人差によるため，あくまで代表例。
出所）日本経済新聞育英奨学会HPより引用。

を出し、学生生活の生計のイメージをしやすくさせている（図表14。何を参考にしているかはわからないが）。

水道光熱費は自己負担。この表から経済面において、新聞奨学生は一般学生と比べ、かなり余裕があることを謳っているのが読み取れる。

奨学金の仕組みは五社のなかで最もわかりやすく記載されていると感じた（図表15）。

「学費」の対象となるのは、授業料、施設費、諸経費（諸会費）で、教材費（教科書、テキスト含む）、寄付金などは、朝日以外の三社と同様に自己負担となっている。日経には「学費をお貸しするのは通学が決定し、入会手続きが完了した通学校のみ」と記載されていて、入学前に学費を立て替えることがはっきりと記載されている。これは、読売と同様で、利

図表15　各コース（勤続年数）の返済免除額

	返済免除額	特典
4年制コース（4年制大学生・4年制の専門・各種学校生の場合）。	450万円	卒業までの学費貸与額が240万円未満の場合，240万円との差額を報奨金として支給。さらに勤務4年目に全員を海外研修へ招待（自己負担はなし）。
3年制コース（3年制専門学校・各種学校生・大学2年生より入会の場合）。	320万円	卒業までの学費貸与額が180万円未満の場合，180万円との差額を報奨金として支給。
2年制コース（2年制の専門・各種学校生・大学3年生より入会の場合）。	220万円	卒業までの学費貸与額が120万円未満の場合，120万円との差額を報奨金として支給。
1年制コース（予備校生・1年制の専門・各種学校生・通信制大学生）。	100万円	予備校生，独学生，1年制の専門・各種学校生がNSNで1年在籍し，2年制以上の学校に入学し，引き続き育英奨学生（4年制・3年制・2年制）として継続勤務する場合は，奨学金に加え，入学祝金10万円を進呈。

出所）日経育英奨学会HPより筆者作成。

用する側としてはわかりやすい。

また、日経は一年制コースが、特徴的である。他社も浪人生を対象として一年制コースを設けているところもあるが、日経では、引き続き日経で新聞奨学生をする人に対して一〇万円の入学祝金を支給している。浪人後も新聞奨学生を続けようと思っている人にとってはありがたい。

保証人については、「保証人はご両親のいずれかになっていただきます。事情があって、できない場合は、奨学会に相談してください」と記載されている。

・五社から見る新聞奨学生制度の特徴

まず、基本的に新聞配達と集金を課しているが、「集金なし」といった業務内容に関するコースも設けられている。また、進学した学校の就学年数によるコース分けもある。

奨学金に関しては、支給の方法が新聞社によって異なる。読売、日経は学費を全額立て替えという方法でわかりやすいが、朝日は年に二回の支給、産経の場合だと毎月支給・貫徹支給・卒業祝金と三つを組み合わせた複雑な支給方法をとっている。しかし、朝日、毎日、産経は入学前の一括貸付制度も設けているので、この方法で任期満了すれば他社と同じになる。授業料については限度額内であればいっさい費用がかからないという点で共通している。

給料は全社とも一〇万円を超えていて、大学生が一か月で稼ぐアルバイト代よりもはるかに多いと思う。産経は他社よりも給料がかなり低いが夕刊配達がないからだろう。日経も同様に、集金業務を基本的に課していないため少し給料が低いが、集金の希望者にはその分報酬が出る。「お金に関しては困らない」と言える。

産経以外は、夕刊配達があるため、実習などがある学部・学科は適用外だったり制限がある。さらに部活・サークル活動の禁止・制限をかけている社もある。なお、他のアルバイトは基本的に禁止されている。もっとも掛け持ちは現実的に厳しい。

新聞奨学生制度問題の語られ方

新聞配達労働者は休養時間・睡眠時間の確保が難しい。また、いかに早く新聞を配り終えるかが重視されるため、スピード違反をはじめとする交通違反をしがちで、階段を上り下りするといったように運動量が多く、肉体的にも精神的にもかなりキツイため、労働災害の危険性も指摘されている。

新聞奨学生を経験した私からすれば、この制度は問題点だらけであるが、それについて語られている文献は少なく、長い歴史があるにもかかわらず、これまでなかなか注目されてこなかった。

新聞奨学生制度に言及した数少ない人物としては黒藪哲也氏と雨宮処凛氏がいる。フリーライターで新聞業界の闇について数多くの著作を記している黒藪氏は、『新聞ジャーナリズムの「正義」を問う』で、一九九〇年に起きた「読売新聞奨学生過労死事件」について書き記しているので、紹介しておきたい。

当時、専門学校に通っていた読売新聞奨学生の上村修一さんは新聞配達と集金活動に日々追われていた。同書の資料には次のような文言が記されている。

過酷な配達・集金業務

新聞販売店での仕事は深夜の三時に出勤して六時すぎまで朝刊を配達、店で朝食をとってから渋谷の日本レジャー専門学校へ通学、午後二時ごろに下校して三時から約二時間の夕刊配達業務に従事、夜は夕食後から朝刊のチラシ広告の折り込み準備作業に携わっていました。また、月末から月初めのおよそ半月間は読者宅への集金業務に従事、留守宅などへの再三の訪問は休日や深夜に及びました。

一日四~五時間の睡眠時間

一日四～五時間の短い睡眠時間、深夜から早朝の配達、授業途中の下校と夕刊配達、夜間の戸別集金業務をつづけるうちに、学校をしばしば休むようになってきました。担任講師が心配して尋ねたのに対して、「仕事がきつく、仮眠する時間がない」と答え、仕事と学業の両立が困難であることを訴えていました。そして就労後半年たった一〇月ごろから体重の減少、咳が出たり、痰がからむなどの不調が目立ってきました。

疲労・ストレスによる小脳出血

その日夕刊配達後、食事をとり、古紙回収に出かけて帰ってきた、チラシの折り込み作業にかかって間もなく、嘔吐を繰り返しました。作業台に寝かされましたが、容体がおかしいので救急車が呼ばれて杏林大学病院に運ばれ、約二時間後手当の甲斐もなく息を引き取りました。行政解剖した同大学法医学教室の佐藤義宣教授は、既往症も外傷もなかったことから「一過性の高血圧による小脳出血」による死亡と診断、その原因は「新聞配達、集金業務による心身の疲労、ストレスによるもの」との判断を下しています。

右記のような過酷な日々により、上村修一さんは心身ともに疲弊していった。おそらく当時世界最年少の「過労死」だった。この文章は新聞奨学生の過酷さを十二分に物語っている。

しかし、この語られ方では、新聞奨学生制度の労働の問題性ばかりがクローズアップされ、「新聞奨学生はこき使われている存在だ」ということだけが印象づけられてしまう。雨宮氏の本でも同様な語られ方がされている。インターネットでも労働に関連づけて、「新聞奨学生は違法な働かせ方ではないのか?」、「新聞奨学生の働きを時給換算すると……」といったような文章ばかりが見られる。

だが、私は新聞奨学生という問題をたんなる労働問題として扱うことは妥当ではないと思う。「労働のほかにどういった問題性があるのか」、あるいは「新聞奨学生の背景にはどういった問題が存在するのか」などについて、もっと広く検討されるべきだろう。

第3章 過酷な労働のリアル

新聞配達員の種類

私の所属していた販売店（図表16参照）では、新聞奨学生のほかに販売店社員、アルバイトで日々の配達を行っていた。

新聞奨学生と販売店社員は朝・夕の配達と集金活動、週一日の休みが決まっていて、アルバイト配達員は朝だけの人もいれば、朝・夕両方配る人もいる。

販売店社員は、別名「主任」とも呼ばれている（以下、「主任」）。配達、集金、営業、拡張活動、付随作業、顧客の情報管理などといった事務を受け持っている。

アルバイト配達員は契約時に一週間のうち、何曜日が休みかを相談して決めているそうだ。日中はほかの仕事などと掛け持ちしていることが多く、集金活動はなし。朝・夕の配達だけで生活していくのはかなり難しいだろう。

新聞奨学生は、配達、集金を基本に、必要に応じて拡張活動や付随作業を行うこともある。

図表16　販売店内の従業員

属性	人数	業務	備考
所長	1名	おもに経理や事務など。	所属販売店の所長は，西日本支社のなかでも重職に就いており，出張でよく出かけていた。
マネージャー	1名	営業，事務，販売店経営など。	所長がほかに重職に就いていることもあり，実質的な販売店のトップ。販売店社員のなかから1名が選ばれる。
販売店社員（主任）	4名	配達，集金，営業，拡張活動，付随作業，事務など。	
事務職員	1名	事務。	所属販売店唯一の女性。事務作業だけを担当。
新聞奨学生	6名	配達，集金。任意で拡張活動や付随作業がある。	雇用主体は育英奨学会で，進学先に近い販売店に配属される。
アルバイト配達員	1名	配達。朝刊のみや夕刊のみの場合もある。	雇用契約時にどれくらいの配達頻度かを決定する。

出所）筆者作成（2013年4月時点）。

私が入寮した当初は、主任さん四人、新聞奨学生六人、アルバイト配達員一人だった。新聞奨学生は販売店にとって欠かせない貴重な人材だったのだと思う。アルバイト配達員は販売店側が雇っているが、新聞奨学生は本社、育英会側が雇っているかたちだそうで、販売店側としても数多くの奨学生が在籍しているほうがありがたいらしい。新聞奨学生が多ければ、その分販売店側の人件費が抑えられるからだ。

配達員以外にも、所長、マネージャー、女性事務職員がいた。マネージャーも配達員を掛け持ちするときがあるらしいが、本人の判断次第らしく、私が在籍した間にマネージャーのXさんが配達する姿を見ることはいっさいなかった。

新聞配達の実際

販売店の業務の中核はもちろん新聞の配達だ。配達は月〜土曜日は朝刊・夕刊を配り、日曜・祝日は朝刊だけを配る。そのため、日曜に休日を当てられると非常に損をした気持ちになる。

配達員はそれぞれ「配達区域」を任されている。配達員には、一区域だけを配る「常配」と、複数あるいは全区域を配ることのできる「代配」の二種類がある。アルバイト配達員は常配で、他の配達員の多くは複数の区域を任されていることが多い。ちなみに私、徳光くん、村上さんは常配だった（なぜかは後述する）。

入寮当初は九区域あり、一一人でシフトを回していた。そのなかで「五区」が、主任さんたちが担当する車便で、残りの八区域はバイク便だった。坂が多い地形とか、オートロックマンションなどで見られる「集合ポスト」の件数、階段を上る家の件数によって、キツイ区域、ラクな区域がある。キツイと言われている区域は新聞奨学生に配属されていた。たとえば、入寮当初は「七区」と「九区」がキツイ区域で、それぞれ私と徳光くんが配属された。「七区」は坂が多く、坂の途中でバイクを乗り降りしなければならない家もある。また、階段を上る団地も多く、中年の主任さんたちには身体的にかなりツライ。こういった区域を私や徳光くんが配るのと主任さんたちが配るのとでは、三〇分〜一時間も違う。そのため、主任さんたちは、ラクな区域に配置されている。

各区域おおよそ二一〇件程度だが、流通新聞や産業新聞などの関連新聞、コンビニなどで販売する折り込みチラシなしの新聞（「即売」と呼ばれる）を含めると区域によっては二五〇部を超える新聞を配る。

朝刊・夕刊作業ともに、新聞が販売店に到着する前に始まる。朝刊が販売店に届くのは二時四〇分頃なので、次のような作業の時間を逆算して起床する。

朝刊作業では、バイクをスタンバイするところから始まり、次に区域ごとにある「手板《ていた》」と呼ばれる購読者の増減表を記入する。余裕をもって配達の準備をするために前日の夜に書いておく者も多い。「手板」には赤、青、黄、白の四種類の「指示表」と呼ばれる紙がはさんである。赤は「購読停止（「止め」と言ったりする）」、青は「新規購読（「入り」と言ったりする）」、黄は「期間止め（「期止め」と言ったりする）」、白は「指示」の意味だ。白の「指示表」には「毎回ビニールをかけてほしい」や「この時間までに配達してほしい」といった顧客の要望が書かれていて、その内容を「順路帳（後述）」に書き込む。「手板」を書くときは、赤が多いとうれしい、青が多いと絶望的な気持ちになる。月末は「止め」が多く、月の始めは「入り」が多いが、区域によってかなり差がある。たとえば、村上さんの常配区域「八区」は学生購読者が多く、月末には大量の「止め」があるが、私の担当の「七区」は「富裕層」の安定購読者が多かったので、月末の「止め」が少ない。

新聞が届くと、作業場へバケツリレーのように投げ入れていく。そして、各区域の作業場で本紙に折り込みチラシを一部ずつはさんでいく。「折り込み作業」と呼ばれ、この作業を約一五分で終わらせる。熟練者は早く終わるが、新聞配達を始めて間もない者は三〇分やそれ以上時間がかかる。スムーズに新聞をめくったり、チラシをつかんで新聞にはさんだりするために指サックを使用する。個々人によってどの指に付けるかは違うが、私の場合、新聞をめくるために左の親指と、チラシをつかむために右手の人差し指に指サックを付けていた。新聞にチラシをはさんだ直後は、チラシがはみ出ているので、主任さんたちに教わった秘伝の技できれいに整えていく。また、手を紙で切らないようにするなど細心の注意をはらいながら行う必要がある。

チラシにも新聞に入れやすいものと入れにくいものがある。紙質が固めのものだと入れやすいのだが、よくあるスーパーのチラシのような柔らかい紙質のものは新聞にはさむときにフニャッとなってきれいに入れづらい。

金曜日と土曜日は配達がほかの曜日に比べてキツイ。本紙が分厚いときが多く、週末ということもあって、チラシが多い。またいわゆる「二部」の新聞も折り込みチラシと一緒にはさむ。夕刊新聞を朝刊にはさんでいるようなものなので、本紙＋折り込みチラシの厚さがかなりあり、場合によっては新聞をすべてバイクに積んでいくことができない。そのため、うちの販売店では、「五区」担当の人が各地域の中継ポイントに積めなかった分の新聞を車で運んでくれるシステムがあった。これを販売店では、「中継」と呼んでいた。

逆に日曜日の配達はかなりラクだ。本紙が薄く、折り込みチラシも少なく、まったくないときもある。日曜日の配達はだいたいみんな早く終わっていた。

それらの準備が終わると二五〇部ほどの新聞をバイクのカゴや荷台に積んでいき、そこからやっと配達がスタートしていく。

最初は二五〇部ほどの新聞をすべてバイクに積んでいるため相当の重さになる。新聞ジャーナリストの黒藪氏によると「折り込み広告が二〇部入った新聞一部の重さは約四六〇グラム」で、「新聞一五〇部の場合は、約七〇キログラム」になる（ただし、折り込みチラシの厚さは新聞社、販売店によって異なる）。ちなみに道路交通法では原付バイク（カブ）には三〇キログラムという重量制限があるのだが、ほとんどの配達員は一刻も早く新聞を届けるために新聞を全部積んで配達をしてしまう。配達員によっては自分の体重（私は当時約六〇キログラム）を超える重さの新聞を積んでいて、そのうえで安定した走行やUターン、坂道でスタンドを立てるといったことが必要なため、相当な運転技術が求められる。配達員はバイクを運転し、「順路帳」と呼ばれるものを左手に持ちながら、配達していく。「順路帳」には、その区域の購読者の名前、マンション名、号室、順路記号、指示などが配達順に書かれていて、その順に新聞を配っていく。順路記号というのは、次の配達先にたどり着くための道筋を記号化（矢印やUターンなどが書かれている）したものだ。

各区域の配達順路は、その区域を覚えるときに教えられるが、「指示」に「時間指定」が書かれている場合は厄介だ。

「時間指定」とは、その購読者の家に「何時までに届けなければならない」という指示だ。「時間指定」に間に合わなければ、購読者からクレームの電話がかかってきて、それが購読停止につながったりする。なかには、配達の遅れで購読者から三、四時間説教された配達員もいるそうだ。時間指定の顧客のことは常に頭に置いておかなければならない。たとえば、雨の日などで配達が遅れている場合は「順路帳」の順路を無視し、「時間指定」の配達先まで飛び、それを配ったあとに正規の順路に戻ってこなければならない。そのため正規の順路だけでなく、その区域の「土地勘」を身につけておく必要がある。そして、この「土地勘」は後述する集金活動でもかなり重要になってくる。

配達は天候に関係なく行われる。たとえ、大型台風直撃、大雪による積雪というような超悪条件であっても（さすがに大地震のときに配達をしたことがないので、その場合はわからないが）購読者のもとへ新聞を届ける。前日から悪天候が予想されている場合は、販売店への新聞の到着時間が少し早くなる程度だ。

悪条件のなかでの配達では、先述した「時間指定」の購読者には細心の注意を払わなければならない。普通の人なら配達が遅れてしまっても、「しょうがないな」と思ってくれるような悪条件でも、時間指定の購読者に限って、少しでも遅れるとクレームをつける。こういった悪条件であっても新聞配達を行うのは、日本の新聞業界がメディアサービスの中心を長く担ってきたことと、いつでも情報を届けるといったサービス精神の賜物なのだろう。

配達は遅くとも六時半頃までに終了する（六時半を過ぎるとクレームの電話がかかってきだす）。折り込み作業の時間を除いた配達時間は三時間～三時間半程度だが、区域によってはバイクに乗っている時間よりバイクに乗らずに走っている時間のほうが長い。オートロック式ではないマンションや団地の場合だと、新聞を購読者の「ドアポスト」まで走って持っていかなければならないからだ。オートロック式であれば一階に設置されている「集合ポスト」に新聞を入れてよいが、そうではない集合住宅も多いため、配達員には体力がかなり求められる。

一五時頃に到着する夕刊も同様に作業を行っていく。朝刊と異なる点は、新聞が圧倒的に薄いこと、折り込み作業がほとんどないこと、朝刊に比べ配達部数が少ないことだ。朝刊では、折り込みチラシを含めた新聞一部が重く、折り込み作業があることで重労働になるが、夕刊はそういったことがない。配達時間帯も一五時〜一七時半、遅れても一八時くらいで、朝刊に比べてラクではある。しかし、夕刊の配達では交通量が圧倒的に多いため、配達中の安全がより求められる。

配達の工夫

新聞配達では時間を短縮するための工夫と努力が求められる。とは言っても、かなり単純な方法でしか時間を短縮する術《すべ》はない。

最も時間を短縮する方法は「走る」や「エレベーターを使わない」だ。配達に時間がかかる大きな要因は階段の存在だ。階段をゆっくりと歩いてポストに向かうとかなりの時間をロスするため、ほとんどの配達員は階段を走って配達をしている。

また、エレベーターを使用したほうが、時間がかかってしまうこともある。高層階ならともかく、三、四階ぐらいだと走ったほうが早い。また、エレベーターを待つ時間をもったいないと感じて、階段を選ぶときもある。

小西さんや村上さんも配達を早くするための工夫として、「走る」や「エレベーターを使わない」を真っ先にあげていた。

配達では、ある種の「競技性」のようなものを感じることもある。私はランニングシューズにこだわった。小西さんと村上さんも配達用のランニングシューズを持っていた。

私がランニングシューズを選ぶときのこだわりは、靴底の厚さだ。高校のときの職場体験活動でスポーツショップの店員さんに聞いたことがあるのだが、靴底が薄いランニングシューズはアスリート用で価格も高い。一方で靴底が厚いランニングシューズは一般の人用で価格も安いものが多い。

団地などでは足音が響かないように注意する必要がある。そのため私は靴底が厚いランニングシューズを買っていた。そのほうが（おそらく）クッション性が高く、膝を柔らかく使って階段を下りるようにすれば足音が響きにくいと考えていた。ランニングシューズは、二年間で五足以上は買い替えた。ちなみに私は値段やデザインから、よく「ＮＩＫＥ」のランニングシューズを買っていた。

配達に慣れだすと、次は「どれくらい早く配れるか？」を追求したくなる。配達が終わった時点で業務終了なので、早く終わった分、朝刊後の仮眠が多くとれたり、夕刊後サークルに遅れずに参加できたりする。「時間指定」のために早く配るのではなく、自分の時間を確保するためにスピードを追求することが目的になる。

私は、いつも配達用の腕時計をしていた。時計を見て、「今日はいつもより早めだな」とか「時間指定に間に合いそうにないな」といったことを確認していた。配達時間にこだわるなら腕時計は必須アイテムだった。

腕時計は、一〇〇円ショップで買ったものを配達中身につけていた。雨でぬれたり、夏は汗のせいで時計が壊れるからだ。「防水性の高いやつを買えばいいじゃないか」と思うかもしれないが、新聞配達の格好であまり高い時計をしたくはないし、そんなに高いものを買えるほど余裕はない。私自身、高いものへのこだわりがないこともあるが、新聞配達の格好には一〇〇円ショップの時計が妙にしっくりくる感じがした。壊れやすいので五本以上買い替えることになったが、一〇〇円なのでコスパはかなりよかった。

走る以外での細かなテクニックだと、ポストへの投函の「技」がある。一軒家で道路沿いにポストが設置されていれば、いちいちバイクを停めて降りなくても、バイクに乗ったままポストに新聞を投函することが可能だ。ポストの設置状況によっては、数十メートル先から新聞を前カゴから取って準備しておき、最徐行しながらノンストップで新聞を投函することもできる。

オートロックマンションなどの集合ポストの場合もスムーズに新聞を投函するテクニックがある。集合ポストはポストの入り口が細くつくられていることがほとんどなので、スムーズに投函するためには新聞の入れる向きに注意しなければならない。新聞を折ったときに角が一番固い部分からポストに入れるとスムーズに投函することができる。新人の頃は、集合ポストは配達先の号室を見つけるのが難しいが、数か月もたつと「ボーっ」としていても手が勝手に配達先の号室に動くようになる。

配達での工夫と言えば、この程度しかないが、とりあえず素早く動くことが何よりの「工夫」だ。

ただ、すべての団地やマンションで集合ポストに投函することができれば配達時間が短縮され、配達員の負担も減ると思うのだが……。

「入社式」

四月に入って、入学式も終わり、少したってから「入社式」があった。こういうものは新聞を配り始める前にやるものだとは思うが、この時期に行うのがベストなのだろう。

「入社式」は、面接が行われた場所と同じだった。所長の車で、徳光くんと一緒に行った。

「入社式」には、各販売店の新人と所長クラスの人たちが集まっていた。各販売店の人たちと会うのはこれがはじめてだ。新人が一人の販売店もあれば、五人以上いる販売店もある。新人の人数によって、その販売店のだいたいの規模が予想できる。

（おそらく）規模が大きい販売店には女子学生もいた。素直に、「女子には新聞配達はキツくないか？」とは思ったが、人員が多いので、一人当たりの配達量が少ないのだろう。ちなみに私の所属の販売店は「女子禁制」だった。

「入社式」では、お決まりの「お偉いさん」たちの話やこれからの心がまえについて聞いた。うちの販売店の所長も式で話をしたのだが、実は西日本の地区でかなりの「お偉いさん」らしい。

徳光くんと一緒に他店の新人と話す機会があった。彼は専門学校生だと言う。専門学校は大学とはまた違って、時間割がかなり濃密に、厳格に決められていて、大学のように自由ではないので、配達との兼ね合いがキツイと言っていた。二年制の専門学校らしいので、もしかしたら「退社式」で会えるかもしれないと思った。

寮長、去る――これが新聞配達界の日常?!

四月に入ると、新聞奨学生はほぼ配達員として「独り立ち」し、一人前の配達員として日々の学校生活と配達を両立をさせていく。私と徳光くんも、もう立派に新聞をポストに投函する「作業」に慣れてきた。

そんなある日、唯一の四年生の寮長が新聞奨学生を辞めると急に言い出した。なんの前ぶれもなく、本当に急に、だ。寮に入りたての私と徳光くんは頭が混乱して何が起きているのかわからない。最初は冗談かと思ったが、どうやら本当に辞めるらしい。寮長からは相談などもなかった。三年生の先輩たちでさえ、事情をまったく知らない。

新聞奨学生は、家庭に経済的不安を抱える者が多い。辞める場合、途中退会時の一括返済で親に負担をかけることになる。それが新聞奨学生たちの共通認識だ。

「親に迷惑をかけてでも辞めるのか?」

「そもそも今まで三年間耐えてきているのに、なぜこのタイミングなのか?」

そういう思いが私たちにはあった。

販売店の人たちによると、寮長はあまり仕事ができない人だったらしい。しかし、人員が減ることは販売店にとってはかなりの痛手だ。

今すぐに辞めるわけにはいかないので、寮長は一週間後に辞めることになった。もともと人数ギリギリで配達作業を回していたので、その分、他の配達員に負担がかかってくる。配達区域を解体し、それぞれに振り分けることになった。寮長が辞めた一週間後には、全八区の新しい区域での配達がスタートする。

それからの一週間は、本当に職場の雰囲気が悪かった。私たちになんの説明もせずに職場に平然といる寮長。自分は配達しないのに一番やかましく愚痴を言うマネージャーのXさん。一週間後のことを考えると愚痴をこぼす元気もない主任さんたち。

自分の配達区域に慣れ、ここからさらに配達を極めていこうとするなかでの編成替えは、私と徳光くんにとって「最初の試練」のように感じた。配達件数が、今までは朝刊だと二一〇件ぐらいだったのが二六〇件ぐらいになり、新聞の総部数は三〇〇部ほどになった。しかも、私と徳光くんの区域は増えた幅が大きい……。どんな事情があるのかはわからないが、新人に対していきなりこんな負担を与えるのはおかしいと思った。

寮長は、私たちに大きな「置き土産」を残していった。私と徳光くんは、ようやく順路に慣れてきた頃に、新聞配達業界の厳しい現実を、身をもって感じたのだった。

部数が増え、「最初の試練」を迎えたところで、次は梅雨が待っていた。

最大の敵、最大の試練——雨、梅雨

今になって思うが、日本で、あんなに水との相性抜群（?）の紙でできた新聞を配達しているのは、かなりすごいことだ。日本に梅雨がなければどんなにラクに配達できたか……。

世の中にはたくさんの職業があるが、そのなかでも新聞配達は「天候」をかなり気にしている職業だと思う。

新聞紙は正直、高品質とはかけ離れた素材だ。何かを燃やしたり、窓ふきに使われたりと利便性は高いが、新聞紙は水がよく染みる。一滴でも水が滴ると効果テキメン！　そんな新聞を雨の日もお客様のもとへ、細心の注意を払いながら、届けるのだ。

そういえば、高校野球をしていた三年間も雨が降らないかと天気を気にしていた（雨が降れば室内練習になり、監督が来ないため）。あのときは雨がうれしかったが、新聞奨学生時代は逆だった。思い返すと、高校三年間、新聞奨学生二年間の実に五年間、常に天気を気にする日々だった。

おかげさまで雨に対する「嗅覚」とでも言うのだろうか、雨が降る前の冷たい風、空気の匂い、雲の動きや厚さ、高さなど、高校野球で培われた（?）力がまさか新聞配達に活かされるとは思いもしなかった。これに文明の利器であるお天気情報（スマホのお天気アプリ）を組み合わせればばっちりだ。

暇なときは、だいたいお天気情報の確認をする。ほぼ毎日チェックしていた。しかも一週間前から覚悟を、心の準備をするのだ。降水確率などを見て、どのくらい降りそうなのかも予想しておく。学校の授業中や寮でゴロゴロしているときも新聞配達のことで頭がいっぱいだった。

雨の日は細心の注意を払いながらの配達になる。ポストに投函するその瞬間まで気を抜いてはいけない。少しでも水が染みただけでその新聞の商品価値はゼロ。「雨の日はビニールに包まれているじゃないか」と思う人もいるだろう。しかし、あのビニールは中の空気を抜くことができるように少し隙間が空いているのだ。「よくできた仕組みだなぁ」といつも感心していた。だが、ポストに入れるときにその隙間から水が入って新聞が濡れていないかを確認する手間もかかってしまう。

配達時はいつも余分に二部を念のため持っていくのだが、雨の日は足りないことがあるため五部ぐらい持っていく。それでも足りなくなってしまったときは、販売店まで真新しい新聞を取りに戻らなければならない。

梅雨の時期は、新聞奨学生一年生にとって最大の難関ではないかと思う。新聞配達を始めて三か月くらいたった頃に梅雨を迎える。ちょうど「新聞配達と学校の両立ができ始めたかなぁ」という時期だ。

もう毎日が地獄だ。天気予報で曇りの予報であっても、念のために新聞にビニールをかけていく。ポストに入れているからだいじょうぶと思われるかもしれないが、ポストが屋外にある場合も注意する。だいたい一軒家は屋外に設置されていて、たとえ新聞をポスト内に入れていたとしても雨がポスト内に侵入し、新聞が濡れてしまう場合がある。配達時に雨が降っていなくても、配達後に降る可能性があればビニールをかける必要があるのだ。

とは言っても、微妙な天候時に、すべての新聞にビニールをかけるわけではない。屋内設置型のポスト（マンションなど、完全に屋内に設置されているもの）は一〇〇％雨によって濡れる可能性がないので、その分はビニールをかけなくていい。私が担当した区域では、三〇〇部のうち半分から二〇〇部程度だけビニールをかけていた。ビニールをかけない分だけ時間を短縮できる。微妙な天候時ほど配達前に、すべてビニールをかけるのか、それとも半分ほどかけていくのか、考える必要がある。

だが、新聞にビニールをかけるための機械は、うちの販売店には三台だけで、配達員が七～九人いるので、待つ時間がもったいなくも感じる。一区域の新聞すべてにビニールをかけるには一〇分ほど時間がかかってしまう。新聞にビニールをかけるかどうかは本当に悩みどころなのだ。

梅雨の時期の話に戻ろう。やっと配達と学校の両立に慣れてきた五月、六月。梅雨の到来が間際になると、二年目以降の奨学生や販売店社員たちがざわつきだす。

「新人の学生たちは乗り切れるかなぁ」

「辞めずに堪えてくれるかなぁ」

そんな声がちらほら聞こえる。案の定、私も一年のときに梅雨期間に絶望した一人だ。

配達中にカブに積んでいた新聞が濡れ、全滅。販売店に帰り、新しい新聞を持っていく途中にまたも全滅。「それを繰り返し見ている販売店社員よ、お前らが車で持っていけばいいやないか！」と思うこともあった。

コンビニへ「即売」を配達しているときにこの一件があったのだが、結局配達完了できたのは朝七時過ぎ。コンビニで新聞を買う人はもっと早くから買いに行くので、そのクレームが来た。「主任さんが車で持っていけばクレームが来なかったのでは？」といまだに思っている。その日は疲れと寒さであまりにも疲弊したため、授業を休んだ覚えがある。

毎年、新人奨学生に立ちはだかる「壁」を、ほかの新聞奨学生たちはどのように感じているのだろうか。増田くんは次のように語る。

雨の日……多少の雨だったらいいんですけど、この前すごいときがあって……そのときはほんとに嫌でしたね。「なんで俺はこんなことをしてるんだ」って（笑）。

このように感じることは多々ある。

「親に負担をかけたくない！」

「どうしても大学進学がしたい！」

誰もが似たような思いをもって新聞奨学生を選択したはず。なのに、その強い思いを忘れ、「なんで俺はこんなことをしてるんだ」という気持ちになってしまう。それほど、新聞奨学生は、時に不条理を感じる労働を要求されがちなのだ。

雨の日の装備

雨の日は、バイクに乗りながら傘を指すわけにはいかないし、ピザ屋のバイクのように雨除け(?)がついているわけでもない。それなりの「身支度」が必要になる。

まずは合羽《かっぱ》。絶対的な必需品だ。これは販売店から支給される。走ったり、バイクにまたがったりとなんだかんだ体の動きが激しい新聞配達には、コンビニで売っている安価な合羽(上下つながっているタイプのもの)では動きづらいため、上下が分かれていて、下がズボンタイプになっているものが望ましい。

支給される合羽はけっこう高いらしい。七〇〇〇〜八〇〇〇円のものだそうだ。しかし耐久性はかなり低い。五回も着れば雨が染みこんで、合羽としての機能を果たさなくなったのには、あ然とした。言うまでもないが、合羽の撥水《はっすい》性はかなり重要だ。雨を含んだ分だけ合羽が重くなり、配達の「パフォーマンス」が落ちるからだ。私はこの合羽を一年半以上使用した(決して愛用していたわけではない)。さすがにボロボロになったため自分で二〇〇〇円程度の合羽を購入したが、そっちのほうが明らかに「性能」がよかった。撥水性が高く、保温性もある。いまだにあの合羽がなぜそれほど「高価」だったのかよくわからない(販売店よ、ぼったくられていることに早く気づけ!)。先輩奨学生や配達員のなかには、ずっとその合羽を使い続けていた人もいるが、本人たちによると「気休め」だそうだ。

次に長靴だ。いつも使用しているランニングシューズだと水が染みこんで重くなり、これもまた配達の「パフォーマンス」が落ちてしまうため、長靴を使用する。配達員は一刻も早く新聞を届けるために通常時の「パフォーマンス」に近づける必要がある。そのため、私は長靴の選び方にも力を入れた。まずは軽さ。重いと走りにくく、また体力の消費も激しい。実は安価な物のほうが軽かった。次に足のサイズ。大きめのものでは「パカパカ」するため走りにくく、自分の足のサイズよりも小さめのものを選ぶとジャストフィットする。長靴の履き方にも「パフォーマンス」を維持するコツがある。合羽の下に長ズボンをはいているが、その裾部分を長靴のなかに入れてしまう。そうすることによって長靴内の足首付近が固定され、足首付近も「パカパカ」しなくてすむ。

以上がおおよそ雨の日の「身支度」だが、なかにはこんな失敗もあった。梅雨時はほかの時期に比べると降水量もけた違いに多い。滝のような雨のなかを時速三〇キロで駆け抜けていくと「溺れてしまうんじゃないか？」と錯覚してしまうほどだ。そのなかで目をしっかりと開けて運転することは困難。少しかがんで、ヘルメットの「つば」で雨を防御するという方法もあるにはあるが、視界が狭まるため危険。そこで、同期の徳光くんは水泳用のゴーグルを買ってきた。私が入寮したときのメンバーは、私を含め「眼鏡使い」が多く（私は朝刊のみ装備）、眼鏡でけっこう雨を防げたりするのだが、裸眼の徳光くんは雨の日の配達が難しいらしい。その姿を見て「俺も真似してみようかなぁ……」と思ったが、「これ（ゴーグル）全然意味ねぇわ」と言って帰ってきた徳光くんにみな爆笑した。おそらくゴーグルのなかに雨が溜まって逆効果だったのだと思う。

雨の日の配達には、みなさまざまな工夫を試みているのだ。

夏、冬

「今年も球児たちに熱い夏が来た！」

高校時代には、このようなフレーズを聞いて、血沸き肉躍るような感情になっていたが、新聞配達員にとってはただただ暑くてキツイ地獄のような季節だ。福岡なら朝方でもすでに、三〇度近くの気温のなかを、数時間ノンストップで、全力で走り回る。しかも夕刊は連日猛暑のなかで、だ。主任さんたちおっさん集団があれだけ走り回れば、熱中症の一人や二人出てきてもおかしくはない。

高校野球をしていてよかったと、このときは本当に思った。何はともあれ新聞配達はやはり体力勝負なのだ。思い返せば高校野球で培われた体力が新聞奨学生をやるにあたっての財産となっていた。

余談だが、私は高校野球をしていたとき、一食四合のご飯を食べていた。野球から離れたあとは食が細くなるのが普通だろうが、販売店入寮後もその食欲はほとんど衰えない。朝でも朝刊終わりにはたくさん食べる。先輩たちも私以上に食べ、あまり食べなかった徳光くんも数か月後にはたくさん食べるようになった。新聞配達はそれぐらいエネルギーを消耗するのだ。

暑さに関しては、朝刊より夕刊のほうに気配りが必要だ。夕刊配達では、水の入ったペットボトルを凍らせておき、それをタオルでぐるぐる巻きにしてバイクの荷台にセットして持っていく。配達中盤、ちょうどよい感じに冷やされたそのタオルで大量に汗をかいた顔を拭くのが至福のひとときだ。さらに、またちょうどいい感じにペットボトルの氷が解けている。これで体力を回復させるのだ。

だが、水分補給のための水が足りなくなるときもある。この時期にもなると順路をかなり把握しているので自動販売機がどこら辺のエリアにあるかも頭に入っている。私の区域では、団地が配達中盤にあるのだが、団地に入る前に、行きつけの自販機に寄るのか、団地を配り終えたあとに行くのか、苦渋の選択を迫られるときがあった。

そんな過酷な季節なのだが、私の二歳下の佐藤くんは、夏に誰よりも自分の身体と向き合っている。佐藤くんは汗をかかない特異体質だ。「夏に汗かかないなんて、うらやましい！」とか言っている場合ではない。人間にとって汗をかくことは体温調節をするという非常に重要な生理現象だからだ。

汗をかかない体質の佐藤くんは、その代わりに濡れたタオルや濡らしたTシャツ、凍らせたペットボトルを常に準備して夏の配達に臨んでいた。そうした準備をしていても、特に夕刊の配達は彼にとっては我慢ができないほどキツイもので、常に「吐くようなつらさ」だったという。さすがに彼の体調を気遣って所長やマネージャーもクーラーボックスを用意してくれたというが……。

佐藤くんの事例はやや極端にせよ、健康を大きく損なうほどの過酷さで、夏の配達は行われているのだ。

じゃあ梅雨時と夏以外はましかと言われると、そうではない。夏とは違ったキツさがあるのが冬だ。まず、なんと言っても運転時の寒さ。気温一桁台での運転では、体感温度は氷点下だ。全身厚着でいても顔だけは防御しにくく、寒いを通り越して、もはや「痛い」。顔がなくなるような感覚だ。

また、手も顔と同様だ。特に冬の雨のときは手が刃物で刺されるような感覚だ。手に関しては防寒具として軍手を着用する配達員が多い。軍手は基本的に二枚重ねにして使うが、一枚目は表面に何も付いていない軍手を装着し、その上から今度は手のひらにブツブツが付いている軍手を装着する。これは新聞が滑らないように、つかみやすくするためだ。なかには、厚手の保温性の高い手袋を使用する配達員もいるが、指の自由があまり利かないので、私は軍手を使い続けた。徳光くんは運転用の皮手袋を試しに使っていたが、しばらくして再び軍手に変わっていた。

とは言っても、冬は重労働によって体が暖まってくるので、体力的には夏に比べるとそれほど苦にはならない。やはり暑さはどうにもならないのだ。

だが、冬には最大の「イベント」が待ちかまえている。雪だ。

パラパラとちらつくぐらいの雪はまったく問題ないが、積雪をともなう大雪だと話は違ってくる。地面が滑って運転がままならないからだ。

雪の日の苦労は「同じ区域出身」の佐川さんからよく話は聞いていた。平地でもかなりタイヤが滑ること。我が「七区」は坂道が多く、上り下りが非常に危険なため、バイクを坂下に停め、新聞を何部か持って走って配らなければならないこと。「七区」だけ坂が多いので、早く終わった区域に応援要請しなければならないこと。聞いただけでもゾッとした。幸いにも私が在籍した二年間で、積もるほどの大雪が降ることはなかったが、積もりかけたときはある。そのときは平地を走っていたが、かなり滑りやすく、ブレーキの利きもかなりの悪さだった。ふと、佐川さんとの会話を思い出し、「はたして生きて帰って来ることができるのだろうか?」と思ったものだ。

では、実際にそれほどの大雪が降ったときの配達は、どれほどヤバいのだろうか？

村上さんは「七区」よりも負担の少ない「八区」の担当だが、それでも販売店に帰ってくるのは大雨のときよりもさらに遅い、七時過ぎだったそうだ。「七区」の佐川さんの帰りがあまりにも遅かったので、早く終わった主任さんたちがヘルプに行ったという。

また、佐藤くんによると、「あれは法律を改正するべき」「命にかかわるレベルで危険」だそうだ。どちらも雪の日はかなり苦戦したそうだ。しかも佐藤くんや武田くんが雪の日を経験したのは、後期試験期間中だった。その日は大学側も試験を中止にしたが、もし、試験が通常どおり実施され、その日の一、二限に試験科目があったら……。大学側はこのような事態に対応しただろうか？

配達中のエンジントラブル

うちの販売店では、入寮当時、古いバイクが多かった。バイクは配達員それぞれに割り当てられる。主任さんたちの場合は、家が遠い場合そのバイクで通勤をする。販売店にはバイクが十数台あったが、二、三台は何か故障があったりするときに使用する、「代車」と呼ばれているものだった。

バイクは新しいものから優先的に配達員に割り当てられていき、走行距離が長くなったものやオンボロバイクは代車になる。バイクの走行距離のメーターは九万九九九九キロメートルまで表示され、メーターが一周してゼロになると一〇万キロ走ったことになるのだが、代車のなかには二〇万キロ以上走り続けている「レジェンド」「大御所」もいる。また、代車にはスクータータイプではなくカブがなることが多い。詳しい理由はわからないが、おそらくスクータータイプは故障が多く、寿命が短いからだろう。所長がよく「スクーターは故障が多くて修理代がかかる……」と漏らしていた。

配達中、パンクや故障でバイクが動かなくなるときがある。パンクを含め完全に動かなくなってしまったときは、その日に車便（五区）の主任さんに電話をし、軽トラで代車を持ってきてもらう。そして、故障したバイクの積み荷を代車のほうに積み直し、そこから大幅に遅れて配達に戻るのだ。故障車は主任さんが軽トラでそのまま持って行ってくれる。

ただ、軽いエンジントラブルの場合は、自分で無理やりエンジンをかけたりもする。カブのエンジンのかけ方は、「N（ニュートラル）」状態から右足にある「キック」を思いっきり蹴る（踏む）のが正しい方法だが、エンジントラブルになったときのかけ方は、ギアを「N」ではなく「一速」状態にし、そのままアクセルを捻りながらバイクを押すとエンジンがかかることが多々ある。それでもかからない場合は、急な坂の上から同様にしてアクセルを捻りながら坂を下ればエンジンがかかる。かなり無理やり感のある方法だが、それでもかからなければ完全にお手上げで、車便の主任さんに電話して代車を持ってきてもらうしかない。

エンジントラブルは激しく横転したとき、大雨のときに起こることが多い。大雨のときが最も多いが、代車もかなり古い物なので、持ってきてもらった代車もエンジントラブルを起こすことがある。

販売店も経営が厳しく、新しいバイクをどんどん買うことができないので、エンジントラブルはどうしても起きてしまう。しかし、そんなことは購読者からすると関係ないので、特に時間指定の購読者には迅速な対応が求められる。

配達員の頭痛の種、集金活動

時間を少し前に戻そう。

三月下旬、入寮から一〇日ぐらいたち、「独り立ち」した頃、まだ慣れない配達に苦悩の日々だったが、次に覚えなければならなかったのが集金活動だった。

集金活動とは、購読者の家に訪問して購読料を徴収することだ。新聞配達と並んで新聞奨学生たちにとっては重要な業務の一つで、うちの販売店では月末の一週間程度で行っていた。開始日は、一般的な給料日に合わせて二五日からだが、年末や二月は早めに行われたりする。

集金開始の一日か二日前に「学生ミーティング」（「学ミ」と呼んでいた）」を行っていた。「学生ミーティング」と言っても、奨学生だけでミーティングを行うのではなく、所長、マネージャー、主任、奨学生、アルバイト配達員（朝刊のみの人は除く）全員が参加する。内容は、当月の集金活動での注意事項や要望などをマネージャー、主任さんが説明したあとに、所長から「ありがた～い話」を聞くというものだ（このとき、私、村上さんは「真顔」である）。

集金活動は、ただポストに新聞を入れるだけの配達とは異なり、実際に購読者と対面してお金を徴収するので、接客態度がかなり重要なポイントになる。しかも集金者の態度によっては販売店にクレームが入ったり、最悪の場合購読停止になったりする可能性もある。そのため、私と徳光くんは販売店の事務所で主任さんから接客の仕方を教えてもらうことになった。販売店から集金バックが貸与され、練習用の領収書と粗品を持ち、

「こんにちはー。○○新聞の者です！　集金のため参りました」

「一〇〇〇〇円からですね！　〇〇円のお返しです！」

「こちら領収書と粗品です」

「それでは、失礼いたします」

と、高校のときに飲食店でアルバイトをしていた経験を生かして、さらりとやってみせる。

「まぁ、そんな感じでいいやろ」

どうやら合格をもらえたようだ。一方で、徳光くんはと言うと、はじめての労働が新聞配達ということもあってか、なんだかぎこちない。だが、持ち前の明るく、人を惹きつけるような天然キャラで、乗り越えられそうだ。実際に、接客態度に対するクレームはなかった。

まだ新聞配達にも慣れてなく、はじめての集金ということもあって、集金の件数は五〇件だった。在宅頻度が低い世帯もほんの数件だ。翌月からは集金件数が増える。とりあえず「月内完納」をマネージャーから求められた。

集金活動は新聞配達件数約二一〇件に対して七〇件ほどだった（配達件数が増えたあとも集金件数は変わらず）。集金時に事務所から領収書を渡されるのだが、これは切り取り式になっていて、片方を購読者に領収書として渡し、残ったほうはその日の集金終了時に、受け取った購読料と一緒に事務所に

渡す。こうすることによって、どの購読者が支払済みかがわかる。

事務所から受け取った領収書は基本的に配達のルート順になっている。しかし、配達区域の購読者が全員集金というわけではない。つまり、「配達時の一件目」と「集金時の一件目」は異なるということだ。まだ入寮したばかりの私と徳光くんは自分の区域の土地勘がまったくない。「配達時の一件目」は行けても、「集金時の一件目」へ最短ルートで行くことができないため、最初の集金ではわざわざ配達のルートをたどり、遠回りして回らなければならなかった。配達時には土地勘を身につける余裕がないので、集金中に余裕があるときはさまざまなルートを「開拓」していく必要がある。私が所属した販売店が受け持っている区域は、私の「地元」同然であり、それぞれの区域に母校の小中高がある。しかし、配属された「七区」だけはほとんど行ったことがないところだった。一方で、山口県出身の徳光くんが配属された「九区」の土地勘を、私は完ぺきにわかっていた。普通なら私を「九区」に配属したほうが配達区域を覚える効率もよいと思うのだが、なぜか「七区」を担当させられた。

集金時に土地勘を身につけておくことは配達にもよい影響を与える。配達が遅れそうなとき、順路帳に書いてある順路を飛ばして、時間指定の購読者の家まですぐに行くことができるからだ。集金時にそういった意識で工夫を凝らしていくことは、一人前の配達員になるために重要なことだ。

集金時のお釣りは自分で用意しなければならない。お札と一〇〇円玉は所長が用意してくれるが、その他の硬貨は自分で銀行に行って両替する必要がある。在籍中に消費税八％増税にともなう購読料の値上げもあって、一円玉や五円玉も多く用意する必要があった。私は基本的に二万円ほどを一〇〇

○円札一○枚と硬貨を適当に両替して、お釣りを用意した。だが、この場合、購読料四○○○円ちょっとに対して一万円札で支払われると一○○○円札がすぐになくなり、二か所しか集金に行くことができないことになる。しかも、「七区」は高級住宅が集まっている場所なので、そういったお金持ちの方たちは財布のなかから一万円をポンと出してくる。そんなときは自販機やコンビニで何か買って一万円札を崩す必要がある。コンビニでつい買いすぎてしまう私は、集金完納時には集金バッグのなかから二○○○～三○○○円が消えていることが多々あった。

また、集金時には粗品も持っていく必要があり、領収書と一緒に購読者に渡す。粗品は毎月違うものだが、そのラインナップは一○種類もなく、キッチンペーパーやポケットサイズのウェットティッシュ、綿棒一○本のときもあり、まさしく「粗品」だった。だが、粗品に人気度があり、最も好評なのがフリーザーパックだった。なかには、毎回「フリーザーパックをくれ」という購読者もいるほどだ。フリーザーパックは配達員も愛用していた。配達員は何かあったときのために配達時必ず携帯を持っていかなければならないのだが、大雨のときに携帯をフリーザーパックに入れていく。スマホだとフリーザーパック越しで使用することが可能だ。

粗品のなかには重い物もあって、ゲンナリさせられもした。たとえば、新聞社オリジナルの「○○ノート」（おそらく需要はほとんどないものだが）は集金バックにたくさん詰めるとかなり重くなる。そのため、集金者としては粗品がウェットティッシュやキッチンペーパーのときがありがたかったりする。

現在では、口座引き落とし（販売店では「自振り」と呼んでいた）やクレジットカード払いが普及してきたため、集金の件数は昔に比べるとかなり少なくなってきているそうだ。しかし、今のご時世で口座引き落としではなく、わざわざ集金にしている購読者は、それだけ曲者《くせもの》が多いということだ。

彼らが集金を選択する理由として、以下が考えられる。

① ただたんに口座引き落としの手続きがめんどうくさい
② 集金に来た人とおしゃべりがしたい
③ ②のなかで、直接集金に来た人にクレームをつけようとする
④ 「粗品」がほしい
⑤ あまり払うつもりがない（？）

①のタイプはバイトで忙しい大学生や独身世帯で仕事が忙しく家を空けることが多い人に見られがちだ。

②のタイプは高齢者に多く、若い新聞奨学生に話し相手を求めているのだと思う。

③は長年新聞を購読し続けている、いわゆる「常連」で、なかには三〇、四〇年以上取り続けている人もいる。こういう人たちには、かなり気を使った接客態度が求められるので、主任さんかマネージャーが集金に行く。ただ、主任さんやマネージャーもこういう客のもとには行きたくないので、たまに誰が集金に行くかの押し付け合いが始まる。

④は専業主婦によく見られる。やはり一番人気はフリーザーパックだ。

⑤は理解不能。主任さんたちの話によれば口座引き落としやクレジット払いだと期限に必ず引き落とされるため、それを避けたいのだろうという。おそらく、居留守をしている購読者もいると思う。

つまり、集金ではこういった購読者を相手にするので、かなり負担が重くなる。販売店では集金一件を徴収するのに約一〇分と言われているが（移動時間＋徴収するまでの時間）、私の区域で②のタイプのとある購読者は、次々とまったく関係のない話をしてきて、ひどいときには三〇分以上捕まったこともある。だが、それはまだマシで、①と⑤だと留守の場合、日付をまたいで何度も訪問しなければならないため、その一件の集金のために「一〇件分の労力を使っているんじゃないか？」と思うこともある。集金期間の後半にもなると、そういった購読者だけが残り、わざわざその一件の集金をするためにうかがわなければならない。

また、購読者のなかには、日にちや時間帯を指定してくれる購読者もいる。「毎月、翌月の一日指定」や「毎月〇曜日指定」「平日の二〇時以降希望」といった具合に、だ。そういった購読者も集金期間の後半に残るが、ほぼ確実に回収できるのでありがたい。だが、指定しておきながら留守だったときはかなりイライラする。その一件だけのために三〇分もの時間を無駄にされているのだから、「こっちはわざわざ来てやっとるんやから、むしろこっちまで支払いに来い」というようなことを村上さんとよく話したものだ。

私と徳光くんの最初の集金は、それぞれ慣れない土地に苦戦しながらも「月内完納」を達成することができた。だが、はじめての集金は衝撃の連続だった。「七区」が高級住宅街だったことだ。実家暮らしのときから古いアパートにしか住んだことがなく、ひどいときは一Kの間取りに三人＋二匹（愛犬）で生活していた私にとっては、豪華すぎる家ばかりだった。なかには、「ここの玄関、実家の部屋ぐらいの広さあるんじゃないか？」と思うような家もあった。「いずれこんな家に住みたい」と思うこともしばしばだった。

何はともあれ、これでようやく「新聞奨学生として一人前」になることができたのだった。

集金の工夫

集金は、ほとんど家にいない購読者がいるため、効率よく回収しなければ無駄な時間を多く費やすことになってしまう。半年もすれば各世帯の回収のしやすさや在宅している日や時間帯がわかるようになる。たとえば「高齢者世帯はだいたい在宅している」とか、「働き盛りの家庭は平日の夜は在宅している」、「この家庭は世帯主が留守でも子どもにお金を持たせてくれているから回収しやすいだろう」とかいう具合に、だ。また、そういった情報は実際に集金に訪問する前に主任さんやマネージャーから収集しておくこともできる。購読者へのあいさつ回りも主任さんたちの仕事なので、購読者がどういった人なのかはある程度知っている。

「今月から入った○○さんはどういう人ですか？」

「あそこは子どもがおって、まだけっこう若い人ばい。仕事は××しよるらしか」

と、こんな感じで、集金が取りやすそうかや、いつ行けば取れるかを大方予想できる。また、こちらが予想しなくても、いつ行けば取れるかを教えてくれることもある。

集金期間が始まる前に奨学生は、いつ、どのくらいをメドに回収していくかの予定を書かされるのだが、私と村上さんの場合は特に、集金に行く日をなるべく少なくしたいので、集金期間初日や二日目に一気に回収しようとしていた。たとえば、初日四〇、二日目二〇、三日目一〇、以降は「日にち指定」の購読者を一件ずつ回収していく、という具合にだ。一方で小西さんや佐川さんは細かく刻んでいく戦術をとる。初日二〇、二日目一五、三日目一〇、四日目一〇、五日目五、以降は「日にち指定」という具合にだ。ただ、両者の戦術はあくまで予定なので、うまく回収できることのほうが少なく、私よりも早く小西さんや佐川さんが集金を終わらせることも多々あった（というか、私の場合は「翌月の一日指定」があったので、ほぼ最後だった）。

私は、集金初日は睡眠時間や大学での課題を犠牲にするタイプなので、だいたい夕刊が終了したあと、夜遅くまで集金をし続けていた。また、私と徳光くんは上級生の三人よりも一〇件ほど多く持っていたので、より多く回る必要があった。「初日は最低三〇件」というノルマを毎月設け、最高で一日四五件回収したことがある。主任さんや所長によれば、今までこれほど一気に回収してきた人はいないらしい。

集金が取りにくい世帯の対策はおおよそ二パターンある。私の場合は根気強く訪問し続ける、村上さんの場合は電話をかける、だ。後者のパターンをとる人が多いが、「七区」の購読者は電話をかけても出ない場合が多い。一方、村上さんが担当している「八区」は学生が多く、電話をかけることによって圧をかけていた。また、「七区」は電話に出るよりも根気強く訪問していけば在宅時に重なることのほうが多かったりする。

留守の場合は、自分の電話番号を記した不在票を投函するが、折り返しの電話がかかってくることは少ない。私が来る前までは電話代の手当てが支給されていたらしいが、私が来てからは手当てがなくなっていた。そのためもあってか、主任さんたちは電話代を抑えるために「ガラケー」率が高い。

集金のコツと言っても、区域によってどのような層が新聞を取っているかはかなり違ったりする。私と村上さんの場合だと、富裕層区域か学生区域かという具合に正反対なので、それぞれの特徴を頭に入れながら集金を行う必要があった。

集金が得意な人、苦手な人

集金はただ購読者から購読料を徴収すればいいわけではない。購読者に対して愛想よく振る舞い、購読者が「これからも購読しようかな」という気持ちにさせることも大事だ。

村上さんは集金に関しては「大問題児」だった。購読者に対して素っ気ない態度をとり、在宅が少なかったり、アポイントメントをとっても不在の客に対しては悪態をつくほどであった。このことに関して村上さんは次のように語っている。

俺（購読者に）めっちゃ文句言うもん。で、しゃべり方とかもじゃない？　俺あんま、たぶんその……変えんけん。人によって。変えるつもりもなかったけん。なんか文句言われても。だけん、どっちかっつったら（販売店側は）「集金行ったら申し訳ないです」みたいな。「いきなり行っちゃって（すいません）」みたいな感じやけど。俺別に思ってなかったけん。「早よ金出せよ」ぐらいの感じやったけん。「（購読料を支払うの）当たり前やろ」みたいな。で（販売店側は）「お客様は神様」みたいな感じやったけん、「俺あんま関係ねぇな」みたいな。「こっちやってやっとんやぞ」みたいな。たぶん集金はまた別のむずかしさがあるやん？　配達とかとは別に。時間も合わせんばやし、頭下げるとか、なんかそういうの。そういうのが嫌やったね。俺たぶんせんかったけん。電話にしろ、集金のときの態度にしろ。そのまんまやったけん、向こうは「まだこいつ若いくせに」っていうのはたぶんあったんじゃない？

販売店在籍時に「販売店と購読者は需要と供給の関係が成り立っているのだから、お客様は神様という主張はおかしい」というのが村上さんの口癖になっていた。村上さんの主張を全肯定するわけではないが、一部理解できるところはある。たしかに集金は完全に購読者の都合で成り立っていて、購読者が「ごめん、今お金ない」と言えば後日集金者が再び訪問するというかたちで購読者の都合がまかり通ってしまう。村上さんのようには言わないが、すべての集金担当者が「今日あのお客さんいなかったなぁ」という同じ思いを抱えているのだ。だが、集金者はそのことを理解しつつも、その気持ちを胸に隠しながら購読者に対して「良い人」を演じなければ、スムーズな集金、そして「月内完納」につなげていくことは困難だ。村上さんが言う集金の「別のむずかしさ」とはこのことであり、集金を通じて奨学生たちはサービス精神を学んでいくのだ。

一方、集金を得意としているのが武田くんだ。武田くんは集金活動において、自らを「優秀家」と呼び、販売店側も非常に評価している。購読者たちとうまく関係をつくっていくことで、集金の回収率の高さにつながっているのだろう。

集金時にはツライことだけでなく、うれしい場面もある。特に高齢者の購読者に多いが、訪問した際に「お土産」をくれることが多々ある。旅行や帰省帰りのときのお土産をたまにくれる人もいれば、毎回モノをくれる人もいる。

なかには「お釣りはいらないから」と言って、毎回一〇〇〇円をくれる人（通称、マダム）もいた。佐川さんからも話を聞いていて、正直そのことを励みに「七区」の集金を頑張っていた感はある。夫が集金に出てきたときはもらえないので、正直ガックリする。そこはオートロックマンションだったので、インターホンでマダムが出てきたときはテンションが上がるが、夫が出てきたときは部屋までのエレベーターのなかで必死に笑顔をつくる。どんなモノよりもお金をもらえるのが幸せだった。

集金は対人業務なので、いかにうまく購読者と付き合っていくかが重要だ。村上さんのように特にいい関係を築こうとしなければクレームが返ってくるし、武田くんのようにいい関係を築いていけば、モノや一〇〇〇円が返ってくることもある。

集金時の束の間の幸せ

集金時間は夕刊配達後だと二〜三時間くらいをあてる。夕刊配達が終わってすぐに集金に出るので、疲労度はかなりある。だが、配達と違って時間に追われているわけではないので、わりと自分のペースで行える。

集金も残り数件を残し、訪問先の人が帰宅するのを待つだけというときは、近くのコンビニで立ち読みをしたりして時間を潰す。配達、集金で慣れているので、どこにコンビニがあるかは熟知済みだ。お釣りを崩すときもコンビニによく向かった。私は決まっていつもファミリーマートのカップ麺やコーヒーを買っていた。店先でたばこを吸いながらカップ麺を食べる時間は至福のときだ。おでんもいい。おでんがセールのときは、狙い目だった。

昼食をとるついでに集金に行くことも多々ある。そういったときの楽しみは、やはりカップ麺を食べながらタバコを吸うことだ。

キツイ仕事のなかで見つけた、自分なりのささやかな楽しみだ。

年末年始

年末年始の販売店は大忙し。

まずは集金。年末になると帰省などで留守になる世帯が多く、通常なら集金は早くても二四日開始だが、一二月は二〇日頃から始まり、二八日頃には終了させる必要がある。早くから帰省や旅行をする家庭もあるので、たしか早い時期から折り込みにも告知のチラシが入っていたと思う。それくらい一二月中に月内完納をすることが求められている。

主任さんたちは特に大忙しだ。集金に加え、一月一日付けの折り込みチラシを一週間ほど前から準備している。金曜日や土曜日はいわゆる「二部」の新聞が発行され、折り込みチラシとして本紙にはさまれているが、一月一日付けの新聞には、「四部」「五部」ぐらいまで発行される。しかも、それらは、ふだんチラシをまとめるのに使っている機械を使うことができないため、主任さんたちが手作業でする必要があるのだ。そうしてまとめた新聞に折り込みチラシをはさんでいく。元日の「折り込みチラシ」は、ふだんとは比べ物にならないほど分厚い。

本紙もまた分厚いときが多いので、本紙＋折り込みチラシを合わせた「元日の新聞」は、村上さん曰く「『週刊少年ジャンプ』かと思ったわ」というほど分厚い。さすがに『週刊少年ジャンプ』よりも薄いが、『ＦＲＩＤＡＹ』と同じくらいの厚さだったと思う。

配達では、一部あたりの新聞が分厚く、バイクに多く積むことができない。「中継」をするにしても「五区」の負担がかなり重くなり、結果的に配達が遅れてしまう可能性がある。そのため一区域当たりの部数を減らした、「元日の特別区域」が編成される。元日の部数は各区域一五〇〜一八〇部だ。

配達員（アルバイト配達員を除く）は、元日に自分が配達する区域の順路帳を作製しなければならない。元日のためだけに！　作成は一週間ほど前から各々作成してよいことになっている。あまりに早くから作成をしても、日を追うごとに購読者から「期間止め」の連絡が入って修正をしなければならないので、逆算して三日前までに作成させるようにする。年末は夕刊配達がなくなるので、その時間を、順路帳作成に費やすことができる。

一区域当たりの部数を減らしたことによって、その分配達区域が増えることになる。そのため、一月一日は、主任さん、新聞奨学生、アルバイト配達員は全員出勤だ。佐川さんは元日の配達を「祭り」だと言っていた。

元日は配達開始時間も早くなる。ふだんは二時四〇分頃にトラックが販売店に到着するが、この日は一時半頃だったと思う。そのため、基本的に全員夜更かしして出勤する。前日の夕刊はないので、昼間に睡眠をとる。全員が出勤した頃、職場内では大晦日番組の話で盛り上がっている。

まもなくトラックが到着。予想どおり本紙がかなり分厚い。折り込みチラシが格段に分厚いので、折り込み作業がかなりしづらい。折り込み作業が終われば、次は積荷作業だ。前カゴには、ふだん一〇〇~一二〇部積めるが、この日は五〇、六〇部程度しか積めない。

いざ、配達。前カゴには新聞をあまり積んでいないので、何度もバイクを止めて新聞の積み替えをする必要がある。後ろの積み荷はいつもより高く積まれていて、前カゴの新聞が少なくなると、後ろに倒れそうになる。

元日の配達がキツイか？　と言われると、実はそうでもない。たしかに新聞が重たいのだが、配達件数は少なく、トラックが販売店に到着する時間も一時間以上早いので、時間指定に悩まされることがない。毎年、私は五時頃に終わらせることができた。

「おぉ、早いねぇ」

販売店に帰ると、決まってマネージャーが声をかけてくる。早いとは言っても、私よりも早く小西さんと村上さんが配達を終えていた。

一月一日の夕刊と一月二日の朝・夕は休刊日なので、朝刊を配り終えると「お正月休み」ということになる。GWやお盆休みがない新聞配達員にとっては「長期休暇」だ。

「一月二日が何曜日か?」は新聞奨学生が気にする事項の一つだ。たとえば、後期の休日が月曜日の奨学生がいたとして、一月二日が月曜日で自分の休日とカブっているとすると、一日休みを損した気分になる。私は二年間金曜日が休みで、二〇一四年の一月二日は木曜日だったので、一日の朝刊後から三日まで連休になったのでうれしかった。だが、二〇一五年は二日が金曜日だったので、休みを一日損した気分になった。

二〇一五年の年明けはすごく印象に残っている。村上さんは土曜日が休みだったので、一日の午後から三日まで有給休暇を使わずに三連休。佐川さんは有給休暇を使って三連休で、二人とも帰省していた。寮に残ったのは私と小西さん。

私はパソコンを持っていなかったので、小西さんから借りたパソコンを使って大学の授業で出されたレポート課題に励んでいた。食堂でパソコンを「カタカタ」やっていると飯時になって小西さんが現れる。

「今どんくらい進んだん?」

授業で出た課題は、業界研究に関することだった。小西さんは三年の頃から限られた時間と機会のなかで就職活動に励んでいて、奨学生のなかで一番就活に対して力を入れていた。そういう意味で小西さんは「模範的な」存在だったので、業界研究のやり方やコツを教えてもらった。そのおかげで課題をスムーズに終わらせることができた。

選挙

年末年始以外に選挙のときもまた、販売店のなかが忙しい雰囲気になる。

二〇一四年は衆議院議員選挙が行われた。「アベノミクス解散」と呼ばれた選挙だ。選挙となると投開票日までに販売店側は区域編成の準備をしなければならない。年末年始と同じように各区域の配達件数を少なくする特別区域を組む。車便の「五区」をなくして、通常のバイク便区域にするために、マネージャーが電話番を担当する。とはいえ、選挙の準備で新聞奨学生に通常と異なる負担はない。

私自身、この年に二〇歳を迎えたことで、与えられた権利を行使しようと考え、自分なりに選挙情報を集めた。

販売店は一部でも多く契約をとるために、配達区域にある別の新聞社の販売店と購読契約を結びあったりするので、販売店の人間は他紙も購読することができる。新聞を読むのは苦手だが、大学生にもなって新聞を読まないのは恥ずかしいと思って、このときはなるべく毎日読むようにした。

配達当日の朝になると、職場は前日の選挙の結果で話が盛り上がっている。

投開票日の翌日の新聞を購読者は早く読みたいので、配達開始時刻が早まる。通常の時刻よりも一時間ほど早く販売店にトラックが到着する。

選挙時の配達は、朝が早いだけでかなりラクだ。新聞は選挙一色で、かなり薄く、積み荷の負担が少ない。折り込みチラシもなし。おまけに区域編成で配達件数が減っているので、五時前には配達が終わる。いつもよりも新聞が薄いこともあって、バイクを軽快に走らせた。

拡張活動

拡張活動は、おそらく各新聞社や販売店によって、かなり異なると思う。

そもそもうちの販売店では、新聞奨学生が拡張活動を行うことはほとんどなく、所長やマネージャーから依頼されたときに任意で行う。だが、依頼されたら断るわけにもいかないので、半強制的なのだが……。

内容は、購読勧誘のビラ配りだ。販売店が用意したビラをポストに投函していく。ビラ配りは頻繁に行われるわけではなく、私はこの業務を一回しかしたことがない。報酬は出る。「歩合制」で一軒につき二円。このときの報酬は五〇〇〇円だったので、二五〇〇軒配ったと思う。

私は報酬目当てで拡張活動を引き受けた。たしか春休み頃だったので、そう負担がかかるわけでもなかった。

拡張活動は午前九時頃からスタートした。いつも配っている区域とは別の区域で、私は「三区」周辺を任された。「三区」は私の実家があるので、その周辺の地理をよく知っているということで抜擢されたのだと思う。

あらかじめ地図を渡され、ビラを配ってはいけない世帯にわかりやすく印が付いている。過去にビラを投函したことでクレームの電話がかかってきたそうだ。

午前はおもに一軒家が多い住宅地を中心に配っていった。配達のように時間指定がないのは気がラクだが、一軒家ばかりの地域を配っていると、ビラの減り方が遅いので、ふだんの新聞配達とあまり変わらない感覚だ。配達では二五〇件程度配ればいいところを拡張活動では、その一〇倍。正直、前半を終えた時点で何時頃に帰寮できるのか見当もつかなかった。

昼食がてらに区域内にある実家で休憩することにした。家に帰ると母が昼食を買ってきてくれていた。ついでに愛犬も出迎えてくれる。実家で暮らしていた頃は、あまり懐いてくれなかったのに、久々に会いに行くと玄関まで迎えに出てきてくれる。誰か知らない人でも来たと思っているのだろうか（うちの愛犬は見知らぬ人と母にだけよく尻尾を振る）。

実家に帰っても、久々に帰った感はなかなか湧かない。販売店から実家まで三キロほどで、しかも販売店の区域内に実家があるというのはなんだか変な感じだった。

母とは新聞奨学生の日々や弟の近況を話した。そろそろ拡張活動に戻らないと間に合わないということで、「また来るわ」と実家をあとにする。

午後からの拡張活動は午前に比べるとスムーズに行えた。私の実家のまわりにはわりと高いマンションや、団地があったので、ビラの減り方が早い。配達とは違って、ビラ配りは集合ポストに投函することができる。配達だと、団地の場合はドアポストまで新聞を持っていかなければならないが、このときは集合ポストに投函することができる。私は、残っているビラを団地で一気に消費した。「はじめから団地を攻めとけばよかった……」と思いながら、午前中のペースに比べるとかなり早く終わった。

寮に戻ったのは夕方に差しかかる頃。ほかの人たちはかなり早めに終わっていたそうで、私は最後だった。六、七時間ぐらいの業務だったと思う。六時間として、時給換算すると八〇〇円ちょっと。このときの福岡県の最低賃金が七五〇円ぐらいだったので、わりとよいバイトだったのだろうか？

拡張活動ではないが、販売店から課せられた業務がほかにもある。

一つ目は、一年のときだった。前寮長が辞めたことによって、一人当たりの集金の件数が多くなり、負担になっていた。

そこで、集金件数を減らそうとマネージャーが提案した。その方法は、各配達員が集金に訪問した際に、「自振」かクレジット払いを勧めるという単純なものだった。「その程度で、自振やクレジット払いに変更するような客なら契約をとったときに勧めとけよ」と思うのだが。

「お客さんにはキャンペーンとか適当に言っといて、変更してくれた人には余っている粗品を適当に渡すなりしてくれ」

さらに、マネージャーは、クレジット払いの申し込みをとってきた場合、一件当たり五〇〇円の報酬を渡すと言った。所長も了承済みだ。お金が少しでもほしい私は、この言葉でやる気が出てきた。それは徳光くんも一緒だった。また、ゲーム形式で主任さんたちと奨学生たちで、どっちが多くとってこれるかを競うことになった。主任さんたちが負けた場合は、奨学生たちにジュースをおごる。

やはり、あえて集金にしている人が多いので、なかなか変更の手続きをしてくれる人がいなかった。それに、すべての家で勧誘をすれば、集金に時間がかかってしまう。在宅が少ない購読者に勧めると、勧め方によっては「在宅が少ない自分に手間をかけたくないから勧誘しているのか？」と思われてしまう可能性もある。そこで「この人はしてくれそうだ」とか「この人は無理そうだ」とかを判断して勧誘をした。

このときは、私と徳光くんがかなり張り切って臨んだ甲斐もあって、奨学生チームが勝利した。奨学生のなかでも、私と徳光くんが、五件ずつで最も多くクレジット払い契約をとってきた。

二つ目は二年のとき。このときの業務は、自分が配達している区域の新築物件を見つけるというものだった。配達中に見つけ、配達終了後、作業場の壁に貼り付けてある配達エリアを示した地図に印をつけていく。印をつけたら、後日主任さんたちが新規購読者獲得のためその場所に営業に行く。そこで、契約がとれれば、新築を見つけた奨学生にも報酬が出る。

この頃、うちの販売店は前年よりも契約件数を伸ばそうという意気ごみが強く、販売店自ら営業に出向き新規購読者を獲得しようとしていた。もちろん、本社の営業マンも私たちの配達エリアに営業に出向くが、販売店が自ら契約をとると店の評価が上がるみたいだった。

私は、一つ目の業務では張り切っていたが、このときはまったくやる気がなかった。そんなにポンポンと新築ができるわけではないし、主任さんが営業に行ったとしても契約をとってこれる可能性は低い。さらに、契約がとれなければ報酬は出ないので、業務に対する対価が返ってきにくいと感じた。それに、前回の業務は、時間に余裕をもってできる集金活動で行っていたが、今回は配達のなかで行うことだったので、配達に集中したい私にとってはデメリットのほうが大きく感じた。

だが、小西さんと佐川さんは販売店のためにこの業務を行った。特に佐川さんは精力的に行い、配達エリアの地図に印をたくさんつけていた。一方で、村上さんは、前回の作業のときもそうだったのだが、業務にまったく加担しなかった。村上さんとしては、これらは奨学生がやる業務ではないと考えていたのだ。

こういった付随業務に対する佐川さんと村上さんの考え方は正反対だった。佐川さんは、販売店から与えられた業務はすべてこなすべきだという考えだが、村上さんは新聞配達や集金業務はしっかりやるべきだが、もともとの契約にない付随業務はやる必要がないという考えだ。それに、これらの業務は任意であり、行えばマネージャー側からの評価が上がる。評価が上がれば、代配を任されたり、有給休暇の融通が利いたりする（詳しくは後述）。上下関係を嫌う村上さんにとっては、積極的に付随業務を引き受ける佐川さんの行動が、販売店のためというよりも、自分の評価を上げるために行っているように映っていた。また、マネージャーのXさんがそれをうまく利用し、奨学生を従順に従わせようとしていると見えていたようだ。

「夕刊の壁問題」と「休日の重複不可問題」——必修科目すら取れない？

時間はもとに戻るが、「研修期間」の三月が過ぎ、入学式を迎える。入学式を終えたあと、販売店の先輩たちから休みの希望を伝えるようにと言われた。私たちの大学では入学式後に、時間割が発表されるので、それに応じて、シフト（というか、週に一度の休日日）が決定される。

この時間割と配達との関係で問題になることが、二つある。

第一の問題が「夕刊の壁」という問題だ。新聞奨学生の一番のネックは、午後の授業（四、五限の授業）と夕刊の配達が被ることだ。万が一被る場合は、自分の新聞配達の休み日を、四限五限に授業が入っている日に設定する。しかし、求人パンフレットに記載されているように、新聞奨学生が配達を休めるのは週に一日だけだ。なので、必修科目などが二日以上開講されていればどちらか片方の曜日は夕刊配達のために捨てなければならない。夕刊の存在は非常に厄介で、授業だけでなくほかの活動もかなり制限を受ける（後述）。これが「夕刊の壁問題」だ。

第二の問題が「休日の重複不可問題」だ。この話に入る前に、まず、私が所属していた販売店の休日日の決め方を説明しよう。

最初に新聞奨学生の休日日が決められる。時間割上どの曜日が最も重要か、つまり、必修科目や選択必修科目などの「自分が絶対に取らなければ卒業に多大なるダメージを与える科目」が集まっている曜日がどこにあるかで決定していく。そして、この休日は基本的に、大学の半期間（前期、後期）で固定され、新学期に時間割を組むときに新たに変更される。

次に主任さんたちだが、主任さんたちは奨学生の休日が設定されたあとに割り振られている。しかし、新聞奨学生が半期固定なのに対して、主任さんたちの場合は、その他の業務や仕事が入ってくるため休日が変動的だ。休日が固定されているかそうでないかの違いはあるが新聞奨学生、主任ともに基本的に休日は週一日だ。

新聞配達の世界は慢性的な人手不足に長年悩まされている。賃金も低く、労働環境も過酷なので決して「割のいい仕事」とは言えない。そのため、労働者の入れ替わりが激しく、新規労働者を雇ったとしても一週間程度で辞めていく者は少なくなく、新聞配達員として定着する者はかなり少ない。販売店側は少ない人数のなかで区域を割り振り、時には区域割を変更して配達員それぞれに休日を与えていかなければならない。

つまり、ギリギリの人員配置のなかで休日を割り振っていくためには、配達員同士の「休日」が被らないようにする必要がある。

実際、私が所属していた販売店では、新聞奨学生同士の「休日」は被らないように設定されていた。これを私は「休日の重複不可問題」と呼んでいる。

新聞奨学生同士で休日が被らないようにするのは、販売店内の緊急時にシフトの調整をしやすくするためだと思う。ある曜日に奨学生が二人も休日をとっていると、その曜日に主任さんたちが職務上の用事（出張など）で配達ができないときに、配達員が不足してしまう。販売店の都合に合わせ、その日だけ奨学生の休日をずらすとなると、移動させられた奨学生は必修の授業に出席できないという問題が発生する。こうした事態を避けるために奨学生の休日の重複を避けていたのだろう。

話をもとに戻すと、奨学生同士で休日が被らないようにするため、入学式後すぐに時間割の確認・作成をすることを迫られた。

先輩たちはすでに春休み中に科目履修登録が終わっているので、私と徳光くんはすぐに科目履修にとりかかった。徳光くんは同じ法学部の先輩の小西さんにていねいな指導と四年間で「効率よく」単位を取得できる戦略（どの科目の先生が単位を取りやすいかなど）を授けられていた。私はと言うと、人文学部の奨学生がこの販売店にいた例がなく、先輩たちの所属学部も経済学部と法学部だけだったので、自分一人で考えた。むしろ、自分で好きな学びが自由にできることを大学で期待をしていた私は、そもそも先輩に聞くという頭がなかった。

だが、時間割を決めていく際に大きな問題に気づく。なんと、月曜日と金曜日に卒業に多大なる影響を与える科目があるのだ！　月曜日の四限には体育（必修）、金曜日の四限、五限にはそれぞれ教育学（必修）、第二言語（選択必修）が開講されている。

寮の先輩で同じ学部・学科の人はいない。ならばと思い、学科の運営委員的サークルが開催するアドバイス会のようなところへ行ってみた。

うちの学科は女子が多い。行ってみるともうすでに何組かは友達と来ている。まだ大学での友達ができていない私は、新入生感満載で先輩に声をかけ、事情を説明する。

「自分、新聞奨学生やってて四限以降の授業が週一でしか受けれないんですけど……」

その先輩ではどうやら対応できないようで、サークルのボスを呼ぶ。優しそうな、メガネの似合う三年生だった。もう一度、一から事情を説明する。

「自分、新聞奨学生やってるんですけど……（これからあと何回説明するのだろうか）」

ボスによると、これはカリキュラムの問題なので、一学生である自分たちでは対処しきれないそうだ。そして、学部ごとに窓口がある「文系センター棟」に行ってくれとの助言を受けた。

私はすぐさま文系センター棟に向かった。とりあえず窓口で同じ説明をする。

「僕、新聞奨学生を……」

回数を重ねるごとにどうやって説明したらいいのかのコツをつかめたような気がする。事情を事務職員に説明すると、別の人が来て、私を文系センター棟の別室に連れて行った。先ほどの事務職員より位が高そうな人であるが、とにかく今日いく度目かの事情説明をする。

「なるほど、事情はよくわかりました」

キャンパス内を散々たらい回しにされたあとで、ようやく理解者が現れたようで、とりあえずなんとかなるみたいだ。

「では、のちほど連絡します」

連絡先を伝え、とりあえずはほっとした。大学をあとにし、夕刊配達へ……。

後日連絡がきた。

「月曜日の体育の授業を別日に受けることができますので、候補日のなかから都合のいい日を選んでください」

私の大学は、学生数がかなり多く、一学年で何千人という規模だ。体育は基本的に学科ごとに一〇〇人程度のまとまりで開講されていて、私が所属していた学科で体育が開講されている日以外にもたくさん別のコマで開講されていた。つまり、私は他学部他学科のまったくかかわりのない学生たちがいる授業に一人飛び込んでいくことになったのだ。

同学科の友人たちに授業の様子を聞くとすごく楽しそうだった。友達と一緒にスポーツできたら楽しいに決まっている。しかも選んだコマが悪かった。ここからは偏見になるが、いわゆる「パリピ（パーティーピープル）」や「チャラ男」がとても多かった。そこまで「コミュ力」がない私は打ち解けられず、しかもあっちはみんな知り合っているわけで、そんななかで「え、誰あいつ？」「あんなやつおったん？」みたいな視線がとても痛かった。「俺、この学部じゃないよ」と言っても「なんでわざわざ？」みたいな顔をされる。高校までは体育の時間が楽しかったのに、学生生活最後の体育は地獄だった。

とはいえ、夕刊時間に必修等がある曜日が二つあった私は、片方の曜日の科目を別コマで履修することで、問題を解決することができた。それは、体育が別の曜日にも多く開講されていて、そこで履修すれば問題がない、というわりと融通の利く科目だったからだ。でも、必修科目でそんなに融通が利く科目はあまりないはずだ。たぶん、私は運がよかったのだろう。

図表17〜20は、私の実際の時間割表の変遷だ。
一、二年次の四、五限の時間帯は夕刊配達をしている。こう見るといかに、キツキツな時間割を組んでいたかがわかるだろう。

理不尽な再履修

私の場合、運よく、卒業に多大なる影響を与える科目を当該学年の間に履修することができた。

しかし、むしろ私のケースは例外で、仲間たちのほとんどは、「休日の重複不可問題」によって履修登録自体が困難になっていた。

たとえば、私の二学年先輩の村上さんと佐川さんは、学部も同じで、学生番号も近かったため、必修のクラスもほぼ同じ。必修科目や外国語の選択必修科目が同じ時間で開講される可能性が高いため、そのやりくりが相当に厳しかったという。具体的に言うと、村上さんが一年の必修のコマをとるために火曜日を休日にすると、佐川さんは、火曜日を必ず出勤日にしなければならない。すると必然的に、

図表17　1年前期の時間割

	月	火	水	木	金
1	外国史通論A	法律学概論	フレッシュマン・イングリッシュⅢ		コンピュータ入門Ⅰ
2	教職概論	基礎演習Ⅰ	社会学A	生涯スポーツ演習Ⅰ	哲学A
3	教育心理学	中国語ⅠA	心理学概論	日本国憲法	フレッシュマン・イングリッシュⅠ
4					教育学概論Ⅰ
5					中国語ⅠB

図表18　2年前期の時間割

	月	火	水	木	金
1		中国語ⅡA	日本史通論A	ミクロの生物化学	人文地理学A
2		インターミディエイト・イングリッシュⅠ	生涯学習概論A	インターミディエイト・イングリッシュⅢ	教育思想論
3		基礎演習Ⅲ	教育行政学	地誌学A	
4					中国語ⅡB
5					教育制度論

火曜日開講の一年必修の単位を佐川さんは落とさなくてはならない、という具合だ。つまり、履修登録の段階で（一年の四月の段階で）学部の必修科目を履修登録すらできず、落としてしまうのだ。これは物理的にも、精神的にも相当にきついことだ。

村上さんと佐川さんは実際に、必修の英語の授業が被っていたそうだ。そのため前期は佐川さん、後期は村上さんが英語の単位を落とすというようなことを二年間していたそうだ。

しかも、村上さんと佐川さんが「運悪く」たまたま同じ学部だったというわけではない、というの

図表19　3年前期の時間割

	月	火	水	木	金
1					
2	集団の心理と援助	公民科教育法	生徒指導論		教育人間学
3	発達心理学	特別活動論	地域教育デザイン論		専門演習Ⅰ
4				自然地理学A	専門演習Ⅱ
5			キャリア教育論	コミュニティ心理学	

図表20　3年後期の時間割

	月	火	水	木	金
1					教育方法論
2			比較教育論		キャリア発達論
3	生涯学習概論B	教育相談	生活と環境の化学		専門演習Ⅱ
4			社会科教育法Ⅱ		専門演習Ⅱ
5	キャリア政策論	社会教育学			

が問題だ。私たちが選択した新聞社のパンフレットの募集要項には、けっこうな数の学部学科が対象外となっていて、奨学生同士の学部学科が被ることはめずらしくはない。

ただ、学部学科が違うからといって必修などの科目が開講されている曜日が重ならないという保障はない。学部学科が異なっていても希望の休日が被る場合だってある。それが佐藤くんの例だ（徳光くんも同じ）。学部学科は異なるが、佐藤くんは村上さんと佐川さんの例のように、武田くんに休日を譲っている。

新聞奨学生が五人も集まれば、必修が被る日が出てくるのは当たり前だろう。にもかかわらず、休日の重複を許さないとは……。しかも卒業に大きくかかわってくるのに！　大学に通うために新聞奨学生をしているのに、卒業が困難になるとは大いなる矛盾だ。

そもそも「自由な」学びがない

大学を卒業するために、四年間、必修科目と休日の調整をしながら、午前中に授業を受けて「うまく」卒業する。なんだか当たり前のような気もするが、違和感を覚える。

ちょっと待て、大学ってそういう「学び方」をするところなのか？

高校時代、大学に惹かれたのは自分で「自由」に時間割を組んでいけること。そして、学校の先生になるために、自分がどういう教師になりたいのかを考え、それに向けた授業を選び、学びを自分でつくっていけること。私はそういったことに魅力を感じたはずだ。それなのに、新聞奨学生制度によって大学の自由な学びが制限されたり、やむなく授業を選ばされたりするのはおかしい。

私の三年生までの時間割を見てもらえればわかるが、三年生の頃の時間割が最も「大学生っぽい」のではないだろうか。こういったような時間割の組み方をすれば、空きコマを利用して学びを深めることもできるだろう。高校時代に見た福岡大学のパンフレットの先輩の例では、このように組んでいた覚えがある。

大学における「自由」の一番わかりやすい象徴が時間割を組むことだと私は思う。でも、新聞奨学生の時間割は新聞配達ありきの時間割になっていってしまう。夕刊があるから四、五限はないのと一緒。興味関心がある科目があっても夕刊と被っていたら受講不可。午前中の自分が興味関心のない科目を、朝刊配達でボロボロになった状態で受けるキツさ。

「そんなの仕方ないじゃん」という話なのか？　貧乏人だからがまんしろというのか？　制度側も学生の学ぶ権利をしっかりと保障するべきだ。

サークル活動も無理?!

「夕刊の壁」の存在は、大学生活の象徴の一つであるサークル活動すらも制限する。

パンフレットやＨＰを見てみると、新聞社によってサークル・部活動についての記載が異なっている。サークル・部活動を禁止している社もあれば、「新聞配達を優先するように」と制限をかけているところもあった。私が選んだ新聞社では、そういった類の記載はなかったが、販売店に入寮すると、暗黙の了解として「新聞配達を第一に優先しなければならない」というような雰囲気があったし、夕刊配達を考えるとサークルに打ち込める時間はあまりない。

とはいえ、私は大学時代に二つのサークルに所属していた。

一つは学科の運営委員会のようなサークルで、同じ学科の先輩や後輩と交流ができる。活動は、月二回（月曜日）で学科の行事のサポート、またサークル内での交流を深めるためのイベントも催される。私も行った新入生のための時間割作成のアドバイス会を行っていたのはこのサークルだ。このサークルのおかげで私は「命拾い」したと言っても過言ではない。その恩義を感じたのと、学科内で友達をつくりたいと思って迷わず入部した。特に参加を強要されるわけでもなく、月二回の自由参加なのも新聞奨学生の私にとって非常に魅力的だった。

一年の頃は、月二回の定例会に不参加の時期もあったが、イベントには都合が合えばなるべく参加した。二、三年のときは上級生（このサークルでは三年の一〇月に開催される学園祭までが活動期間だった）だということもあって、ほとんど参加するようにしていた。よく参加していたこともあって、二年生から役員も任せてくれるようになった。教員志望の仲間や先輩、後輩とは今でも親交がある。

もう一つは学生サポーターのサークルに所属した。学生サポーターとは、教育委員会と大学が連携して、学生が小・中学校に行き、授業や部活動のサポートをするボランティアだ。大学によっては単位として認定しているところもあるが、福岡大学ではそのようなシステムにはなっていない。教員志望の学生が一般的には個々人で活動をすることが多いのだが、福岡大学の場合はサークル化し、月一回程度で定例会を開くことによって情報共有をするのが魅力だ。また、教員志望学生以外でも活動を行うことができ、さまざまな学部の学生と交流することができるという利点もある。

私は一年次の後期から小学校で学生サポーターとしての活動を開始し、二年次まで続けた。活動の時間帯や曜日は、配属先の学校がこちら側の要望をわりと聞いてくれたので、たとえば、二年の前期だと月曜日に授業を入れずに、その時間帯に活動をしていた。非常によい経験になったが、朝の配達を終えたあとすぐにその小学校に行き、活動をするので、正直眠気と闘いながらの活動だった。

ほかの奨学生たちがどのようにサークル活動と向き合っていたかも紹介しよう。

小西さんと村上さんは、私が入寮したときにはすでにサークル活動を行っていなかった。村上さんは高校のサッカー部出身でサッカーが好きだということもあり、サッカーサークルに所属していたが、新聞配達との兼ね合いがキツかったので、わりとすぐに辞めたらしい。

徳光くんも同じように新聞奨学生時代にサークルを断念した。入学して早々、多くのサークルから勧誘を受け、先輩がいたこともあって二つのサークルに所属していた。しかし、先輩たちと同様に配達との両立が難しく、また前期に単位をいくつか落としたため、後期に入って断念することになった。

佐川さんは私が出会った新聞奨学生のなかで、最もサークル活動に励んでいた人だった。福岡大学のなかでもかなり規模の大きなダンスサークルで、昼休みにパフォーマンスをしたり、大学の各種イベントにほとんど出るぐらい活発なサークルだった。具体的な活動の時間帯はよくわからないが、頻繁に参加している様子だった。だが、新聞奨学生の一日のスケジュールのなかで、活発なサークルに参加することは、かなり負担がかかることなので、出席点がない授業を受講したり、そもそも授業を休むことが多かったりした。

新聞奨学生は仕事が優先。学生生活の何かに力を入れれば、ほかのことを疎かにすることになる。佐川さんの場合だと、サークルを優先するがあまりに、授業を疎かにせざるをえなかった。

しかし、そもそも新聞奨学生は業務と授業の両立でさえ難しい。多くの人が想像する華やかなサークル活動やキャンパスライフなどは別世界だ。

第5章

新聞奨学生の日々
——労働に支配された生活のなかで

生活のリズム

新聞奨学生の生活は、一言で言うと「労働に支配された生活」だ。

図表21　ある1日の生活

2:00～6:00	起床～朝刊作業
6:00～6:30	朝食
6:30～	仮眠
7:30～	シャワー・準備，学校へ
9:00～14:30	授業
15:00～17:30	夕刊作業
18:00～	夕食後，次の日の配達準備，課題やレポート（月末は集金活動）
22:00（23:00）～	就寝

私の新聞奨学生時代の一日を大まかにまとめると図表21のようになる。

まずは、朝二時に起床。朝刊配達は早ければ五時半に終わるが、雨の日などは七時までかかることもある。早ければ早いほど仮眠の時間がとれるが、雨で配達が遅くなるととれない。

七時半頃に再起床。シャワーを浴び、準備をして一限の授業に向かう。授業中は「グッスリ」のときもある。三限まで授業を受けると、急いで帰って夕刊の配達の準備。カブはスクーターよりもガソリンが入らないので、朝刊後に補給していなければガソリンスタンドに向かう。一回の補給で配達二回＋集金一周りぐらい行ける。

一五時、夕刊配達が始まり、終了はだいたい一七時半。次の日の朝刊準備を終え、そこからは自由時間だ。授業の課題を終わらせたり、夕食をしながら村上さんをはじめほかの奨学生と談笑する。月に二回はサークルに参加した。

二三時頃にはなるべく寝たい。集金があるときやテスト期間前はもっと遅くになる。そして、また次の日が始まる。

これはあくまで私の例で、ほかの奨学生たちの生活リズムはまた違う。

たとえば、村上さんの場合だと、当時三年生だったので、空きコマが多く、また出席しなくてもテストの点数さえ取れれば単位が取得できる科目も多く知っていた。そのため、私が学校に行っている時間帯に寝ていることが多かった（私も授業中寝ることがあるので、お互いに寝ているという点では同じことになるのだが……）。村上さんはテレビを観るのが大好きなので、朝刊配達が始まるまで深夜番組やバラエティ番組をよく観ていた。

佐川さんは、夕刊後にサークルに出かけていることが多い。ダンスレッスンも受けているので、日付をまたいで帰ってくることもしばしば。佐川さんもまた午前中は寝ていることが多かった。

徳光くんは当時、『プレイステーション』の最新版、いわゆる「プレ４」を夜更かししてプレイし、そのまま朝刊に臨んで午前中は寝るという時期があった。

私と小西さんはわりと似たような生活リズムだったが、全員に共通していたのは「授業の出席率は悪く、午前中は寝ている」ということだ。私も睡眠時間がとれなかった日は、授業を「自主休講」し、寝ることがあった。

意外かもしれないが、夜間学生のほうが生活リズムをうまくつくれるかもしれない。

商学部第二部商学科所属の増井くんは、授業が一八時からしかないので、午前中はしっかりと睡眠がとれる。遅くとも二一時頃には授業が終わるので、朝刊から逆算すると三時間は「夜の睡眠」がとれそうだ。

もしかすると、新聞奨学生制度は夜間学生にマッチした制度なのかもしれない。とは言っても、他の一般学生に比べるとかなり過酷な学生生活なのだが……。

「初任給」

うちの新聞社では、給料は翌月の一〇日に支給されていた。

三月に働いた分も、日割りで支給された。四月の振込は、三月に働いた分なので、もちろん少ない。それでも私と徳光くんは、わくわくしながら給与明細を受け取った。徳光くんはアルバイト経験がないので、給与明細を受け取るのははじめてだ。私のほうが先に販売店に来たので、少し多めだ。

衝撃を受けたのが、次の給料日だ。

新聞奨学生の支給額は、基本給から食事代と光熱費が引かれた金額だ。食事代＋光熱費の三万二〇〇〇円が引かれると、七万円弱が支給額のはずなのだが、私の明細には五万円と記載されている。いったいどういうことなのか……。すぐにマネージャーに聞きに行った。

「君は二年コースで、免除分の奨学金額が足りないから給料から差し引いてるよ」

二年コースの奨学金支給額は一七〇万円。私の学科の一、二年次の授業料は合わせて約一八二万円。つまり、超過した分の約一二万円を毎月の給料から差し引かれることになっているそうだ。「なるほど」と思い、その場で納得した。

それから一年間は毎月五万円の給料で生活したが、毎日、大学の友達と昼ご飯を食べていたので、携帯代と合わせて毎月半分以上が飛んでいった。遊んだり、服などを買ったりすることを考えると、大学生としては残り二万円では少々きつい。高校時代の奨学金の返済も始まっていた。しばしば貯金していた奨学金に手を伸ばすこともあった。

昼食代の費用が大きかったので、お昼ご飯を抜くことも考えたが、お昼を抜くと夕刊配達で力が出なくて影響が出るので、弁当箱を買って、それに寮の朝ごはんを食べずに詰めて持って行って、節約に努めたりした。

村上さんによれば、「友達と遊んだりすることもないからお金はたくさん貯まる」とのことだ。村上さんはそのお金で、自動車学校に通ったり、家族にエアコンを買ってあげたりしたと言っていた。

私の場合、食費にけっこう費やしていたので、もう少し新聞奨学生時代にお金の使い方を考えればよかったと思う。

配達中の捻挫

一年次の後期、私は夕刊配達中に足首を捻挫した。このときは、五月頃に行われた大改編後の区域に完全に慣れ、どれだけ早く配り終え販売店に帰れるかという、「自分との戦い」に燃えていた時期だった。

階段はもちろん全部走るという意気込みで配っていたのだが、ある配達先の階段で足をくじいてしまった。屋外の石の階段で、不安定だがその日は雨が降ったわけでもなく、ただたんに急いでいただけなのだが。あまりの痛さに倒れこみ、悶絶していると購読者の人が心配して、「救急車を呼ぼうか？」と言われた。それを聞いた瞬間、私は「だいじょうぶです！」と言ってすぐに立ち上がった。配達はまだ中盤。もし救急車で運ばれでもしたら残りの半分を誰かに配ってもらうことになるし、時間指定の配達先にはまだ全然配れていない。さらに怪我で次の日から配れなくなってしまえば、その分販売店に迷惑をかけてしまう。

私はなんとか配ろうとしたが、残りの配達はどうしても走れなくて時間がかなりかかってしまった。時間指定の配達先は順路を飛ばして先に配るしかなかった。

いつもなら主任さんたちよりもかなり早く販売店に帰ってくるが、私が販売店にたどり着いたのは最後だった。アドレナリンが切れたのか、終わった直後には痛みが増して、それが引きそうにはなかった。

「すいません、今から病院に行ってきていいですか？」

所長とマネージャーのXさんにそう伝え、販売店の近くの整骨院で診てもらった。全治までは少し時間がかかるが、とりあえず一週間は松葉杖での生活を言い渡された。

販売店に帰り、足の具合について所長、マネージャーのXさんに説明する。今後は気をつけて配達をするようにと言われ、とりあえず配達ができるようになるまで有給休暇を使って休むことになってしまった。

一週間、配達をしない生活になった。村上さんからは茶化されるが、他の配達員の人たちには申し訳ない気持ちになる。それに、有給休暇をこれ以上消化するのは、何かと不都合だ。結局、私は自ら申し出て一週間で配達に復帰することにした。

配達に復帰はしたが、もちろん足の状態が完治したわけではない。二、三か月の間は週に一度の診察に来るように整骨院の先生に言われた。このときの怪我は労災が認定されたので、治療費について何も考えなくてよかったのは不幸中の幸いだった。

配達のときには足にサポーターをして、騙し騙しやっていた。さながら怪我と向き合いながらプレーをするアスリートのように。

時間割が詰まっているので、整骨院に行ける時間帯は限られていた。一年の後期は金曜日の一限が空きコマだったので、その時間帯に治療してもらっていた。

通院している間は、月に一度、労災の申請書に署名をしなければならなかった。通院期間が長くなってくると、「まだ通いよると?」とXさんに嫌そうに言われた。どうやら本社か育英会から何か言われるらしく、早く通院を辞めさせたいらしい。

所長にも文句を言われた。

「病院側は儲けるために治療を長引かせとるんやから」

医者からは完治したと言われていないし、労災は権利のはずなのに、「何だかおかしな世の中だな」と思った。

仲間たち、販売店の人たちとの交流

ツライキツイ日々のなかで、新聞奨学生の仲間たちと談笑したり、遊びに行ったりすることが一番の楽しみだったりする。

大学一年生のときは、村上さん、徳光くんとつるむことが多かった。毎日のように、夕食を食べながらくだらない話や新聞奨学生制度、販売店、購読者への愚痴をこぼしていた覚えがある。ときには小西さん、村上さんがいないときは佐川さんも加わり、気づけば二一時を過ぎることも多々あった。

一年次は、私、村上さん、徳光くんの仲がとてもよかったので、休刊日前に所長が催す飲み会のあとに、二次会で三人でボーリングをすることが多々あった。二次会は、所長は帰宅し、マネージャーは夜の街へ、残りの主任さんや奨学生がカラオケに行く、というのがお決まりのパターンだった。主任さんたちとのカラオケはけっこう楽しく、次の日はみんな朝刊配達がないので、深夜遅くまで楽しんだ。

私は二次会のカラオケに参加することもあったが、村上さんは仲のいい地元の人としかお酒を飲んだりカラオケに行ったりしないので、徳光くんも誘って三人だけの二次会をする。

ボーリングでは、スコアが一番低い人が高い人にジュースをおごるなどのゲームをしていた。負けるのはだいたい徳光くんだった。

それ以外にも日曜日に三人で外食することもあった。自転車で三〇分かけて「餃子の王将」に行ったことが一番印象に残っている。

自費で自動車免許取得

「よこちん、俺の紹介で免許ば取らんね?」

配達や学校生活にも完全に慣れ、生活が安定してきた一年生の一二月頃、村上さんから普通自動車の免許の取得を勧められた。教員になると免許取得の時間はとれないだろうし、三年次以降は実習や採用試験が本格化して忙しいだろう。学科の友人たちも夏休みを使って取得していたこともあって、「今しかない!」と思ってわりとすぐに決断した。

そう言えば、入寮当初の春休み期間に三年生たちが夕刊配達前に自動車学校から帰ってきた姿を見たことがあった。どうやら、うちの販売店に入ってきた奨学生たちは入寮後に普通自動車免許を取得する人が多いらしい。それもそのはずで、原付免許が一万円ほどで取得できるのに対して、普通自動車の場合、数十万円はかかる。家庭に頼れない者が多い新聞奨学生は、自分で自動車学校代三〇万円を捻出するほかにないだろう。だが、村上さんが言っていたようにお金はかなり貯まるので、先輩たちは自費で自動車学校に通っていた。ちなみに徳光くんは入寮前に普通自動車の免許を取得していた。

私は、三年次以降の学生生活のために日本学生支援機構の奨学金を貯金していたので、そのお金を使うことにした。

自動車学校は三校ぐらい選択肢があったが、村上さんが、紹介料がほしいとのことだったので、村上さんと同じところにした。小西さんと佐川さんも同じところだった。村上さん、小西さんの話では、「受付嬢に美人が多いから絶対にこっちがいい」とのことらしい。何か困ったことがあれば先輩たちにいろいろと聞けることも選んだ理由だ。

免許取得の案内は大学内でもある。多くは夏休みなどの長期休みを利用し、合宿で短期間取得をめざすというもので、金額は一〇万〜二〇万円ほど。しかし、新聞奨学生に合宿に行く暇はないので、一般の自動車学校を選択したが、金額は三〇万円ちょっと。銀行から貯金を引き出し、いざ自動車学校へ。

封筒に入れて、これまでナマでは拝見したことのない札束を受付で渡す。評判どおりの美人の受付嬢が一枚一枚をていねいに数えていく。「あぁ、私のお金が……」。そんなことを思いながら、これまでの人生で一番高い「買い物」をした。

入校してからは、寮では自動車学校のことで話が盛り上がった。先輩からは「エンストせんやったか?」「今どんぐらいまでいったと?」などいろいろ聞かれ、ほかにもアドバイスをもらうこともあった。

村上さんは、お金を少し多く出し、スピードコースで免許を取得したが、私は少しでも安く済ませようと思っていたので、普通コースにした。だが普通コースは、長期休み期間になるとスピードコースの人で予約が埋まってしまう。また、入校したのが一二月中旬ということもあり、集金や翌月には期末試験もあり、なかなか先に進まない時期があった。そんなこともあって、普通自動車免許を取得するのに半年もかかってしまった。

遊びに行くのもキツイ

平日は朝刊を配ったあとに一、二、三限の授業を受け、さらにそこから夕刊を配る。私は二年間金曜日が休みだったが、金曜は必修科目を履修しなければならなかったので、授業は一限から五限までびっしり詰め込まれている(図表17・18)。土曜日も朝刊・夕刊を配る。日曜日は朝刊のみなので、日中に遊びに行くとしたら日曜日しかない。だが、月曜の朝刊は普通にあるので、夜遅くまで遊びに行くことにためらいがある。しかも、パソコンを持っていなかったので、日曜日は大学まで行って課題をすることが多かった。

日曜日は寮で食事が用意されないので、夜に近くのマクドナルドや牛丼屋、コンビニに夕食を買いに行くことも多かった。たまに夕方職場にいると所長や主任さんが食事に連れて行ってくれることもあった。

夜遅くに遊びに行くとしたら木曜日だ。次の日（金曜日）の朝刊はないので、朝まで友達と飲んだり、カラオケに行ったりできる。とは言っても、金曜は一限から授業がある。しかも、友人たちもまた金曜は授業があるので、木曜の夜に遊んでくれる人は一握りだった。

そのため、新聞奨学生時代は、他学生と比べて遊ぶ頻度がかなり少なかったように思う。新聞奨学生の自分には仕方のないことだと思いながらも、まわりの学生のようにたくさん遊びたいと思っていたし、それはほかの新聞奨学生たちも一緒だった。

「覆面」との戦いの日々

恥ずかしい話、私は「違反切符」を三回切られたことがある。道路交通法違反を犯すと切られる違反切符だ。新聞配達員は、素早い配達が求められるため道路交通法を破りがちだ。本人たちもできれば安全運転を心がけたいが、たった一分ですら時間が惜しいこともあり、正直信号に引っかかるのも嫌だ。そのため、配達員はいわゆる「覆面パトカー」に細心の注意を払いながら配達をする。

一回目は「一時停止不履行」だった。これは、新聞配達員でなくても多くの人が違反しているのを見かけるし、もしそこに覆面パトカーや警察がいれば問答無用で違反切符を切られるレベルだ。このときはちょうど配達に慣れ、それぞれの場所の道路状況を把握し始めた頃で、季節は夏だったように思う。人や車の通りが少ない道で、一時停止線で止まらずにそのまま走っていくとサイレンを鳴らされた。バイクを停めるように言われ、車のなかに連れ込まれると「はい、免許証を出してください」と言われ、私は素直に免許証を差し出した。

「新聞配達中ごめんなさいねぇ。今度からは気をつけてくださいね」

と、ていねいに対応してくれたのは幸いだった。怒鳴られるのかと思ったが、こんなことで怒鳴っていては、警察官はみな高血圧で倒れるんだろうなぁとか思いながら、配達に戻った。

二回目は「時間帯逆走」だった。時間帯逆走禁止の標識は、小学校などの通学路に設置されていることが多い。その日は大学のゼミの班でグループ学習をしていたのだが、夕方に集金の予約が入ったので、いったん学校を抜け出して急いで集金に向かった。だが、時間帯がちょうど、近くの小学校の下校時間だったため、それに気づかずに堂々と逆走しているところを違反取り締まり中のパトカーに止められてしまった。その道は朝刊、夕刊ともに通る道なのだが、いずれも通るときは一方通行の時間帯ではないので、切符を切られてはじめてその標識があることを知った。担当区域の標識も完全に把握しておかなければ、集金のときに違反をとられてしまうかもしれないということを学んだ。

ここまでで点数二点の違反を二回してしまった。違反点数が三点を超えたので、まだ原付免許を取得して一年に満たない私は、初心運転者講習を受けることになった。悪いのは自分なので、素直に受けに行ったのだが、ここまでで違反金五〇〇〇円×二、初心運転講習受講料が、たしか一万円ほど……。お金のほうがキツかった。

三回目も一時停止不履行だった。ただし、道路状況がかなり変だった。そこの通りは車通りが多い道に対して垂直に位置している。壁などで見晴らしが悪い場所には、ほとんど一時停止の標識があるが、左右の視界もかなり良好なためか停止線はあるものの標識はない。車通りが多いほうの信号が赤になると、一方の通りにいる車は停止線などおかまいなしに発進し、あとに続く車も停止線は完全に無視して進行する。私はその通りの四つ角で、進行可能なのにもかかわらず、わざわざ停止線で一時停止する車を見たことがない。またもや違反切符を切られたときに、その地点で必ず一時停止をしなければならないことを知った。「そもそもここに一時停止の標識がないのがおかしいのでは？」「警察が違反金を稼ぐためにわざと設置していないのでは？」そう思ってしまうほど、たちの悪い場所だった。

とはいえ、ここで切符を切られては累積六点になり、免許停止処分を食らう。それは新聞奨学生の私にとっては致命的なことになる。一昔前だと、潔く頭を下げれば見逃してくれる場合がよくあったという。マネージャーのXさんも、捕まったときにすぐさまヘルメットを脱ぎ、「すいませんでしたー！」と頭を下げると、違反切符代わりに拳骨を食らって見逃してもらったことがあったらしい。私もなんとか見逃してもらえるように試してみる。

「すいませんでした！　僕ここで捕まったらもう大学通えなくなってしまうんです！」

もう必死だ。警察官が答える。

「ここで君を見逃したら、僕の退職金がなくなるんだよ。僕にも家族がいるんだけど、それを保障してくれるのかい？」

あまりにも非情に聞こえた。こんなにも一生懸命に働いていて、なんとか大学に入って貧困層から脱出したい、そういった思いを踏みにじられた気がしたのが本音だ。夜中に暴れまわる暴走族はなかなか取り締まれないくせに、苦しい生活を迫られながらも必死で働いている新聞配達員ばかりに目を付けるのはなんだかおかしい。当時はそういう気持ちをもっていたが、思い返すと自分の不注意の積み重ねでこういうことになってしまったんだと自覚した。違反切符を受け取り、配達に戻った。

販売店に戻り、Xさんに報告すると大激怒された。免停になると三〇日間配達できなくなる可能性もある。そうなれば最悪クビだ。そこからの数日間は生きた心地がしなかった。

後日、処分の通知が来た。今回の場合は、はじめての免停で、軽微な違反の累積でちょうど六点に達したため、講習をちゃんと受ければ三〇日間の免停が一日になるということだった。ホッとした。とりあえずは新聞奨学生を続けられるようだ。私はいくつか指定された講習の日程のなかから、都合のいい日にちを選び、講習を受けに行った。

講習会場の教室に入ると、私と同じように免停処分を食らった人たちがけっこういた。初心運転者講習のときは、私を含め三人だったが、二〇人近くはいたと記憶している。若い人はかなり少なく、年配の人が多かった。なかには「常習犯」と思われる人もいた。

まずは座学からだ。講習が始まると、年配の人たちが試験官に愚痴を漏らす。

「私はシートベルトをしながら発進しようとしたのですが、そのくらいは見逃してほしいんですが……」

別の受講者も同じように発言する。

「もうそういう癖がついてるんですよね。このぐらいはいいんじゃないですか？」

なるほど。年配の人たちは特にこういう違反が多いんだなとわかった。そのくらいは注意すれば直ることなのに……。こういう人たちと同類なんだと考えると、なんだかものすごく自分が情けなくなった。見たところ私よりも若い人はいない。自分がいかにダメな人間かと思ってショックだった。

初心運転者講習と比べ、免停講習は一日の日程が長い。初心運転者講習では、座学、実際に道路に出ての運転、最後に反省文的なものを書いたと思う。免停講習では、座学とボランティア活動をしたことを覚えている。ボランティア活動は、車で三、四〇分離れたところにあるショッピングモールで行った。受講者はバスに乗せられて移動したのだが、連行される受刑者のような気持ちがした（受刑者として連行された経験はないが）。

ボランティア活動の内容は、交通安全啓発のビラを配るというものだった。前半後半と分け、休憩をはさんでからショッピングモール内の二か所でビラ配りをした。このとき以来、交通安全のビラ配りをしている人は「交通違反をした人かな？」という目で見るようになった。

無事講習は終了し、一日の免停で済んだ私は、違反に注意しようという気持ちを強くもち、翌日から配達に戻った。

あらためて新聞配達という仕事は交通違反をしがちだということがわかった。ほかの新聞奨学生たちも違反切符を切られたことがある者がほとんどだった。徳光くんもまた一年という短い期間のなかで交通違反の取り締まりを受けているし、主任さんで取り締まりを受けたことがない人は皆無だ。所長は「俺はゴールド（免許）だ」と自慢するが、「そもそもあんたは配達しないだろ」と毎回思う。

このように、新聞配達員は毎日が覆面パトカーとの戦いの日々だ。覆面パトカーが待ちかまえている場所はだいたい同じなので、その地点では細心の注意をしながら配達に取り組んでいる。

道路交通の取り締まりを受けるのは夕刊以降の時間が多いが、朝刊時も行われている。飲酒運転の取り締まりだ。ある時期になると飲酒運転の取り締まりが多くなるように感じた。

飲酒運転の検問が行われることは、ニュースを見て知っていたが、実際にどのように検査するのかはまったく知らなかった。あるあるネタだと思うが、検査機に向かって息を「フー」と吐くのが正しいやり方だ。しかし、はじめての人は、なんとなくのイメージで「ハー」と吐いてしまうことが多いのではないだろうか？　私やほかの新聞奨学生も、はじめての検問では息を「ハー」と吐いてはずかしくなった、という話で盛り上がった。

飲酒検問は毎回緊張する。陽性反応が出るわけないが、私はお酒が好きで休みの日にたくさん飲むのだが、それが残ってるんじゃないかと毎回思う。もちろん飲酒運転をして逮捕されれば一発で免許取り消しになり、新聞奨学生をクビになることを意味する。その恐怖心に押しつぶされそうになりながら、毎回飲酒検問を受けていた。

奨学生の目に映った社会——記憶に残る数々の名言

●配達員はツライよ——「我が社は二時出勤の二三時退勤となっております」

新聞奨学生は毎日学校に行きながら新聞配達をし、それに加え、月末は集金活動をする。睡眠が確保できる時間は一般学生に比べるとかなり短い。では、新聞奨学生以外の配達員はどうなのか？アルバイト配達員の場合、日中いろんなことをやっている人ばかりだった。個人経営で数学塾をやっている人もいれば、ボランティア活動的なことをやっている人もいた。

販売店の社員である主任さんたちは、新聞配達、集金のほかにもたくさんの業務を抱えている。彼らの一日の仕事の流れは、だいたい以下のようだった。朝刊時に出勤し、朝刊が終わったあと、九時にマネージャーや事務職員の人が出勤するまでの当番の人が一人で店番をする。店番をするのは、その日「五区」を配達した人だ。朝刊が終了したあとの主任さんたちの行動はあまり知らないが、集金困難な購読者のところに集金に行ったり、営業や拡張活動に出ていたりするときもある。事務所をのぞくと、デスクに座りパソコンとにらめっこしているときもある。どうやら顧客の情報管理をしているらしい。

主任さんたちは、新聞奨学生たちより配り終える時間が遅い。体力ではもちろん劣るが、夕刊後の業務も考えると夕刊配達でうまく体力を温存することを選ぶ。奨学生たちは一七時半までに配り終えるのに対し、主任さんたちは一八時半ぐらいまでかかることが多い。夕刊は朝刊に比べると部数も減り、車便がなく、一区域少ない分人員が余るため、その人が夕刊時間帯中に折り込みチラシをつくる。しかし、一人では作業が終わらないことも多いため、配達から帰ってきた人から折り込みチラシの作成を手伝う。折り込み作成は主任さんたちの仕事だ。折り込みチラシ一セットは、チラシ数枚を一枚の厚手のチラシでまとめるという具合にできている。しかも、区域によってどのチラシが入るかが微妙に違う。それを二〇〇〇セットほどつくるのだ。さすがにその作業を手動でやるのはたいへんなので、専用の機械で行う。ちなみにだが、この専用の機械を製造している会社は日本で一、二社ぐらいしかないらしい。

主任さんたちの仕事はまだ終わらない。そこからまた集金に出かけたり、顧客管理の業務を行う。折り込み業務までで退勤することもあるが、それ以降に仕事をしているときがよくある。

ある日私は、一件の集金を徴収するために二三時前ぐらいに販売店に帰ってきたことがあった。ちょうど主任の杉田さんが退勤するところだった。

杉田さんは以前短期間だけこの販売店でマネージャーをしていて、新聞配達員になる前には小さい会社を転々とし、社長や副社長にも就いたことがある経験をもつ。年齢は四〇代半ばで、とても気前がよく、ユーモアがある人で、他の主任さんたちと比べると(というか一般的な社会にいても)とても立派な大人という感じで、個人的にはとても好きな人だった。

杉田さんは販売店から近い所に住んでいて、販売店のなかでも年配者ということもあり、緊急時の対応など、いろいろと任されていた。

「いや〜キツかばい」

「こんな時間まで、たいへんですねぇ」

「我が社は二時出勤の一三時退勤となっております」

社会のキツさを知りつくした杉田さんは、いつもの感じでユーモア感を出しながら笑顔で帰っていった。日本の労働の負の面がここでも見られたような気がした。

杉田さんは次の日も遅刻せず、二時に出勤した。

●所長にとっての配達員たちの存在――「お前らは俺の歯車やから」

うちの所長はとにかく宴会事が好きだ。西部地区で偉い人だということもあって、付き合いで飲みに出かけることもたくさんある。忘年会や新年会のときや、販売店に新しい人が入ってきたり、奨学生が販売店から旅立つときなどはもちろん、一、二か月に一度のペースで飲み会が行われた。

女性の事務職員の人は一度も来たことはない。おそらくその人以外女性がおらず、男性社会丸出しの宴会の雰囲気に合わないからだろう、と想像する。

新聞配達は年一〇回の休刊日が設けられていて（と言っても朝刊が休みなだけで夕刊は通常どおりある）、その前日に飲み会がよく行われていた。飲酒運転に常に気をつけなければならない新聞配達員にとって、この日は思いっきり飲める日だ。しかも全額所長のおごりだ！

ほかにも誕生日会がある。これは奨学生だけでなく、ほかの配達員も含まれる。誕生日月の人たちを所長が集め、各月ごとに祝う。村上さんと佐川さんは誕生日が同じだが、とても仲が悪いということはまわりの人たちも知っているので、一月だけは二回に分けて行っていた。ちなみに私と同じ誕生月の人は、所長とマネージャーのXさんだったので、あまりいい思い出はない。美味しいご飯やお酒を飲めるのはうれしいのだが、所長の説教じみた話が始まるし、Xさんの自慢話や武勇伝、まだ三〇代なのに世の中を知りつくしたような態度で偉そうにしゃべり、挙句には、「教員の世界がキツイって知っとるん？　やめたほうがいいっちゃないと？」と、そういうことを酒が入るたびに言われてきた。

そんな宴会大好きな所長がいつも「締め」で言う言葉がある。

「お前らは俺の歯車やから」

所長の話によれば、販売店にいる一人一人の人員がいなければ仕事は成り立たない。だから、こういった飲み会を開き、配達員たちが日々がんばっているのを慰労している。所長は見た目どおり、厳しくも昔ながらの恩情深い昭和の男という感じの人だ。

ただ、その言葉は裏を返せば、「俺の手となり足となり働け」という解釈もできる。さすがに所長はそのようなことを考えるような人ではないが、所長の裏でXさんがその言葉を利用しているように私には見えた。

Xさんにとって、所長は自分を拾ってくれた恩人だそうだ。職を転々としていたところを新聞奨学生時代に世話になった所長に声をかけてもらったらしい。実際、Xさんが今のポジションに就いてから販売店の営業成績がよくなっているらしい。「経営者」としての能力は高い人なのだが、自分は配達をせずに主任さんたちを利用して成績を伸ばしてきた。所長にとってXさんは「ブレーン」なのだ。こちらから見れば、Xさんが所長をうまく転がしている印象さえある。

所長が「お前らは俺の歯車やから」と言うたびに、私と村上さんは、Xさんの「俺の手足としてしっかり働けよ」という考えを代弁しているように冷ややかに感じていた。

●思わぬ新聞配達「適合者」――「あいつらが新聞配達やればいいいんじゃない？」

販売店が大通り沿いに位置しているということもあってか、朝刊前の時間になると「暴走族」が走っていることがしばしばある。雨の日であろうと彼らにとっては関係ない。「パフパフ音」と、改造したエンジン音を高らかに響かせながら自分たちの存在を誇示するかのように走る。エンジン音のわりに速度はかなり遅い。過ぎ去ったかと思えば、Uターンしてきて、道路いっぱいに広がり、一定区間をぐるぐると走り続ける。ものすごく気になっていたのだが、バイクに付いているあの背もたれは何のためにあるのだろうか？　二メートル、いや三メートル近くはあるだろう、あの背もたれ。高ければ高いほどいいのだろうか？　いまだにわからない。

族たちが走り始めてから十数分後、近隣住民からの通報があったのだろうか、パトカーが出動する。カーチェイスの始まりだ！　パトカーはだいたい二台出動する。一台が道路を逆走して挟み撃ちにして族たちを追いつめようとするが、なかなか捕まえることができない。結果がどうなったかを確認できずに配達に出発するのがいつものオチで、数日後、またもや族たちが走りに来る。警察とのカーチェイスがまた始まる。それの繰り返しだ。警察も私たちのような新聞配達員を取り締まるんじゃなくて、「暴走族をどうにかしてくれ！」と毎度のこと思う。

終わらない「イタチごっこ」に対して不満が溜まっていた私は、思わず村上さんに愚痴をこぼした。

「あいつら頭おかしいでしょ！　どうにかなんないんすかね？」

「んー、あいつら新聞配達やればいいんじゃない？　絶対（新聞配達に）向いてるやん？」

「たしかに……」

激しく共感した。たしかに彼らは、夜行性で、バイクの運転技術が非常に高く、雨の日であってもおかまいなしにバイクに乗るし、覆面パトカーなんぞへっちゃらだ。しかも、まだまだ若くて体力がありそう。配達員として必要なものはすべてもっているじゃないか！

それ以来、族たちに対しての気持ちが変わった。警察とのカーチェイスを見ながら「すばらしい才能を持て余してるなぁ」と冷静に思ったりした。でも、やっぱり、「そんなんする暇あるんやったら新聞配れ！」とイライラすることもあった。

「彼らが新聞配達をやれば、新聞配達業界の人手不足も解消されるのでは？」と思いたくなる。新聞社よ、彼らの存在に気づけ！

販売店によって左右される労働と生活

新聞奨学生の学生生活はかなり「ブラック」なものとなっている。それは販売店側が奨学生に対して、学校生活よりも業務を優先するように求めていることが要因の一つとしてあげられる。

とは言っても、すべての新聞社、販売店が「ブラック」とは限らず、そこまで「ブラック」ではない販売店もあり、奨学生の側からすると、販売店によって当たりはずれがある。他社の販売店でも新聞奨学生をしていた武田くんは、東京にいるときに販売店の当たりはずれの話をよく聞いていたそうだ。ちなみに武田くんが所属していた東京の販売店は「ブラック」だったそうだ。

販売店によって当たりはずれが生じるのは、販売店ごとに運営の方針が異なるからであり、そこの経営者の意向により、新聞奨学生に対する待遇が違ってくる。

うちの販売店では、マネージャーのXさんの権限はかなり強いものとして存在していた。と言っても、形式的に権限がマネージャーという職に委ねられているわけではなく、実質的にいろんな権限をマネージャーであるXさんが握っているという感じだった。

Xさんは、所長の「お気に入り」の存在だ。面倒見のいい性格の所長に拾われ、小西さんたちと同じ時期ぐらいに販売店に来たらしい。当時はまだマネージャーではなく主任で、村上さんによると先輩たち三人が入ってきて一、二週間はまったく別の人がマネージャーだったそうだ。その後に、今は主任の杉田さんが二、三か月マネージャーになり、その後Xさんがマネージャー職に就いたそうだ。

Xさんは、マネージャー就任後、販売店の運営にかなり貢献し、私が在籍していたときは、うちの販売店が前年度比の契約数で、エリアのなかでトップになったこともある。それほど、能力が高い人だった。そういうこともあって、所長はXさんを信頼しきっていた。所長自らは販売店の管理経営をし、Xさんにほかのさまざまな運営を任せていた。

要するにXさんがマネージャーの地位に就いてからは、やりたい放題だったわけだ。Xさんがどれだけ戦略的に奨学生たちを扱っていたかを見ていきたい。

まず、杉田さんまでは、マネージャーも配達業務も行っていたが、Xさん就任後、マネージャーは配達を行わなくなった。厳密には、いきなり配達業務がなくなったのではなく、比較的に配達量として負担の軽い「五区」や、その他のラクな区域に自分を配属し、徐々になくしていった。シフトはマネージャーが作成するので、こういうことが容易にできるようになった。マネージャーとして、販売店の運営実績を残すことによって、所長を納得させ、配達業務をしなくていいようにしたのだ。

村上さんはそのことに対してかなり憤っていた。村上さんにとって、「マネージャーは配達もする存在」だからだ。

Xさんは私が入寮直後の社員のなかでかなり若い部類に入るが、職務関係上は主任よりもマネージャーのほうが上だ。もともと配達をしていたのに、配達をしないで自分たちをこき使う年下マネージャーに対して、主任さんたちも不満はあったと思う。だが、Xさんでなければマネージャーは務まらないという思いは誰しもあり、それで「配達をしてくれ」と言えなかったのだろう。

新聞奨学生たちにかかわることで言えば、「休日の重複不可問題」や試験期間中の集金の融通もXさんによってかなり規定されている。

実はこの二つに関しては、杉田さんの前の、村上さんたちが入寮した直後のマネージャーのときは、ある程度融通を利かせてもらっていたらしい。

村上さんによると、私が入寮した日に出会い、一緒に食事会をした先輩奨学生のYさんの存在は、マネージャーであるXさんにとってかなり大きな「障壁」だったそうだ。

Yさんは、村上さんたちより二歳年上の人で、Xさんが販売店に来るよりも前から在籍していた。わりとはっきりと何でも言うタイプの人で、仕事はかなりできたそうだ。

「休日の重複不可」は以前から暗黙の了解となっていたが、Yさんがほかの奨学生と希望の休日が被ることになった。このとき、Yさんがもう一人の奨学生に休日を譲らなければならなくなったが、これに対してYさんは猛反発。その結果、当時のマネージャーは「わかった、俺がなんとかする」と言って、同じ曜日に奨学生二人を休日にしたのだという。

私が在籍していた頃だと、私と徳光くんの希望が被ったが、徳光くんの希望が叶わず必修科目を落とすことになった。Xさんが認めてくれなかったのだ。販売店にとって都合がいいという理由だけで。

正確には、Xさんの「独裁政権」が始まったのは、Yさんが販売店を去ってからだ。集金に関しても、Yさんが「八月と一月はテストがあるのでそのときは集金の数減らしてください。そのかわりにちょっとずつほかの月に振り分けてもらったらやります」と、学生ミーティングのときにXさんに要望したそうだ。それで、Yさんが在籍していた頃は、テスト期間中の一月と八月は集金件数が少なくなったが、Yさんが去ったあとは、そういった配慮はなくなったのだ。

村上さんによると、Xさんは Yさんに対して「ビビッていた」そうだ。たしかに、はじめて見たとき、そういう雰囲気を感じた。Yさんのほうが Xさんよりも販売店に長く在籍していたということもあるのだろう。そんな Yさんが抜けたあとに Xさんの「独裁体制」が完成したのだ。

うちの販売店では「半休」という制度がある。これは、自分が最初に配属された区域(常配区域)以外の区域(代配区域)を配れるようになることによって、一週間のなかで本来の休日とは別に一日、朝刊か夕刊が休みになるというものだ。つまり、休みが週一日ではなく、一・五日になるのだ。常配区域とは別に、代配区域を一つ覚えると月に一日の半休が付き、二つ覚えると二日の半休が付く、という具合になる。つまり、週一・五休(月に四つの半休)を得るには、自分の常配区域を含め五区域覚える必要がある。ちなみに一区域当たりの配達件数は二五〇ぐらいなので、約一三〇〇件の配達先を覚えることになる。

たいへんだが、休日が増えるのは奨学生にとってはかなりありがたいことだ。その分、自分のプライベートに使える時間が増える。ただし、半休が付く日は固定ではなく、販売店の都合を考慮してマネージャーが設定するので、半休を利用して午後の授業を受講するのは不可能だ。

ここまでの話を整理すると、配達員は、一区域しか配ることのできない「常配配達員(常配)」と複数の区域を配ることのできる「代配配達員(代配)」とに分かれていることになる。基本的には四人いる主任さんのうちで三人が代配なのだが、区域のなかには「七区」や「九区」といった、とてもじゃないがハードで配りきれない区域がある。また、奨学生にも代配がいれば、シフトも組みやすいということで、奨学生にも代配を分り振るのだ。いかに新聞奨学生が現場で「戦力」として重宝されているかがわかると思う。

奨学生の代配は二、三人いればよい。あまり増やしすぎても、シフトスケジュール内に半休が付きすぎて、回らなくなってしまう。では、この代配に誰が任命されるのかということだが、任命権はずばりマネージャーにある。主任さんたちとある程度相談をするだろうが、最終決定権はマネージャーだ。ここでもマネージャーの権力が発動される。

村上さんの考えでは、Xさんが「いかに自分の指示どおりに働いてくれるか」で選定しているとのことだ。ちなみに、私が入寮したときは小西さんと佐川さんが代配だった。配達のスピード、不着をしないかなどの配達スキルでは、佐川さんよりも村上さんのほうが上だ。しかし、集金などに見られるように、村上さんよりも佐川さんを代配にしたほうがマネージャーにとってはやりやすい。代配に選ばれる要素は、ほかにも契約年数が長いなどあるが、四年コースの三人のなかで、村上さんではなく、小西さん、佐川さんが選ばれたのはXさんにそういう意図があったからだろう。ちなみに、佐川さんは「五区」以外の区域すべてを配ることができるが、半休の付き方は小西さんと同じ、週に一日だった。

私たちが去ったあとの販売店では、佐藤くんと、佐藤くんの一年後に入ってきた増井くんが代配をしているそうだ。増井くんは特に代配区域を覚えていくのが早かったらしい。佐藤くんと同期の武田くんは代配を任されていない。本人によると、代配を任されないのは、彼が私と同じ二年契約だからだろうと言っていた。

有給休暇もXさんにかなりの裁量権がある。有給休暇を申請するには、マネージャーへの申請が必要なのだが、これまた村上さんによると、申請して受理してくれるかどうかはXさんの「気持ち次第」だそうだ。たしかに私もなんだかんだ言って、有給休暇を使わせてもらったが、奨学生が申請すると、「有給やれるかな〜」とか「シフト空いてるかな〜」とか、いちいちウザかった覚えがある。

村上さんが一、二年のときは、有給休暇を使わせてもらえなかったことがしばしばあったらしい。一方で、村上さんと同時期に在籍していたYさんにそういうことはなかったという。シフト上の都合もあったかもしれないが、多少なりともXさんの「気持ち次第」の部分が働いていたように感じている。

私が在籍していた頃は、Xさんに対していかに媚びるかが新聞奨学生としての生活をラクにできるかの術だったと今、あらためて思う。

有給休暇の使い方

もちろん、有給休暇は「労働者」の権利としてある。学生生活を過ごすなかでの何かしらのイベントや、正月やお盆の帰省などの際に有給休暇を消化する。休日が絶対的に少ない新聞奨学生にとっては、有給休暇を利用して就職活動を行わなければならない場合も多く、とても貴重なものなのだ。

一年目一〇日、二年目一一日、三年目一二日、四年目一四日となっていて、使わなかった休暇は翌年に繰り越されるが、二〇日を超えて繰り越すことはできない。たとえば、一年目に有給休暇を一日も消費しなかった場合、二年目は一〇日＋一一日で二一日とはならず超過した分の一日は消滅する。

これは就職活動をする人にとってはかなり痛い。就職活動をする時期にもかかわらず、有給休暇の日数が少ないために、下手をすると二〇日分しか就職活動ができないのだ。このシステムが、販売店によって違うのか、新聞社ごとに違うのかはわからないが、「新聞奨学生制度は就職活動すら制限している」とは言えないだろうか？

ただでさえ休日が少ないのだから、せめて有給休暇の全日繰り越しぐらいは認めてほしいものだ。

また、有給休暇の使用は卒業の際の退寮の時期にも大きくかかわってくる。新聞奨学生の任期は入寮した日から退寮予定年度の三月三一日までとなっている。この日を基準に有給休暇の残日数分を前倒しした分、早く退寮することができる。たとえば、有給休暇が三日残っていれば、三月二九日の朝刊から勤務がないので、二八日の夕刊後から退寮することができる。厳密には、毎週の休みの分も含めて早めに退寮することができる。

こういった仕組みを念頭に置いて、有給休暇の使い方を戦略的に消化していくことになる。早めに退寮したい人は、四年次になるべく二〇日に近い状態にしておくし、早めに退寮しなくていいと思っている人は、多めに消化するという具合になる。

徳光くん、さようなら

徳光くん本人によると、かなり軽い気持ちで新聞奨学生を志望したそうだ。「母を少しでもラクにさせたい」という気持ちはもちろんあったわけだが、新聞奨学生制度について、あまり理解しないで入寮してきた。

当初は、四年コースで応募していた。本来、専門学校生は二年コース、大学生は四年コースで採用するのが新聞社での慣習になっている。しかし、徳光くんは、私が大学に進学したにもかかわらず、特例により二年コースでの採用となったことを入寮してからすぐに知った。そこで、自分には新聞奨学生の生活を四年間も続けることが無理と判断して、二年コースに変更したいと所長やマネージャーに相談した。

所長、そして特にマネージャーはそのことに対してかなり難色を示していた。それも当然だろう。販売店側からしたら、いつ辞めるかわからないアルバイトを雇うよりも新聞奨学生が長くいてくれたほうが、人員が安定する。結局は、マネージャーがかなり渋りながらも了承して、徳光くんは、私と同じ二年コースに変更となった。

徳光くんは、当初は自分がまったく想像していなかった「学生生活」を過ごすことになり、私は彼が「辞めたい」と言うのを何度も聞いていた。最初の頃は実家の母親に電話で相談することが頻繁にあったし、月曜日が休みだったので、日曜の朝刊後から毎週のように実家に帰っていた。しかし、新聞奨学生の生活を通して、小西さんや日頃の業務にビシバシと鍛えられ、なんだかんだ言って、ワイワイ楽しい寮生活に満足していたと思う。徳光くん本人も、また私を含めほかの奨学生たちも五人揃って新聞奨学生を卒業すると思っていた……。

残り数か月で二年生になる頃、突然、徳光くんが年度いっぱいで新聞奨学生を辞めることが決まった。何が何だかわからない。あと一年耐えればいいだけなのに。奨学生みんながそういう気持ちだったはずだ。

どうやら、辞めることになったのは徳光くんの意思ではないらしい。徳光くんの母親が販売店のほうに「辞めさせてあげたい」と連絡してきたそうだ。

徳光くんのキツイ日々や思っていたのとは違う学生生活の現実を何度も聞くうちに、「残りの学生生活を充実させることができるのだろうか」と、考えたのだろう。徳光くんは一人息子でもあった。そのときには徳光くんは新聞奨学生を続けようと思っていたそうだが、母親からの強い勧めで結局一年いっぱいで辞めることになった。

途中退会の場合に返納すべき奨学金は一括で返済することができたそうだ。もともと、徳光くんは新聞奨学生制度を利用しなくても大学進学が可能だった。それに加え、一年間は新聞配達をやりきったということで、支給された奨学金一〇〇万円のうち、七〇万円が免除となり、一括返済を求められたのは約三〇万円だった。徳光くんの母親からすると、本来であれば、初年度約一〇〇万円の学費が三〇万円ほどになり、生活費も新聞配達の給料でまかなわれたのだから、親としての負担はかなり減ったはずだ。これだけでも徳光くんは親孝行したことになっただろう。

徳光くん本人は二年目もやるつもりで覚悟をしていたが、辞められるなら辞めたいという気持ちは常にあったので、辞めることに対して後味の悪いような感じではなかった。また、ほかの奨学生たちも、四年生で辞めていった元寮長のときとは違い、徳光くん本人の意思ではなく、母親の介入で辞めることになったので、徳光くんを非難するような声は上がらなかった。一方で、マネージャーは区域編成をするかどうかで頭を抱えていた。

私個人としては、結局辞めてよかったと思う。それよりも一年の間、学生生活をいくらか犠牲にしながらも、キツイ生活を経験したり、身近な先輩として小西さんからいろんなことを聞けたりしたのは、彼にとって貴重な経験になったのではないだろうか。何よりも一年という期間がよかっただろう。徳光くんはけっこう積極的に何にでも挑戦しようという性格なので、二年間も新聞奨学生をしていれば、一般学生ならできた経験をたくさん失っていたと思う。

先輩たちもまた、徳光くんが辞めることになってからは、「辞めたあともがんばれ!」と激励していた。

一週間で「逃亡」した新入生

徳光くんが販売店を残り数週間で去ることになり、再び新年度に向けての新しい新聞奨学生が入寮してくる時期になった。徳光くんは、最初こそバイクの運転やはじめての労働ということもあって、つまずきこそはしたが、仕事が早く、持ち前の明るいキャラもあって、販売店にとっては貴重な存在だった。その徳光くんが抜けたあとに入ってくる新人は、いったいどんな奴なのだろうか？

入寮時から私がそれまで見てきた新聞奨学生たちは、癖がある者が多いながらも、明るい性格の人たちが多い印象だった。（おもに経済的に）家庭に難があることもあり、精神的に強い人ばかりが新聞奨学生になっているのだと思っていた。

さて、徳光くんが退寮するまで残り数日。新しい奨学生が入寮してきた。この年、うちの販売店に入ってきた新入生は一人だけだった。

私が今まで思っていた新聞奨学生像とは違う印象。体型はぽっちゃりしていて運動をしているようには見えない。身長も高いほうではない。髪も若干ぼさぼさで、少し不潔な感じがした。ただ、メガネはかけている。

そんな彼は、ほかの新聞奨学生とは違い、どうやら貧しい家庭出身ではないらしい。彼が入寮してきたときは、両親だけではなく、祖父母や兄弟まで家族全員で販売店に挨拶に来ていた。さらに、家族一同あの狭い部屋まで上がり、今後の健闘を励ましている光景を見た。部屋まで上がって来てくれなかったうちの家庭とは大違いだ……。

その新人の教育係は小西さんだった。小西さんは徳光くんをスパルタで育てている。小西さんの教育は彼に通用するのだろうか？　そんなことを私、村上さん、徳光くんの三人で面白がりながら見守った。

研修一日目はなんとか乗り切ったみたいだったが、ただ後ろを付いていくだけから徐々に新聞を配る段階に移行していくと、新聞配達のキツさを思い知っていったようだった。小西さんによると、少し階段を上るだけで息が上がり、配達中に何度も休憩を求めていたそうだ。小西さんも「こいつはダメだ」と諦めていた感さえあった。

数日後、突然、所長、マネージャーから新人が辞めたことを伝えられた。案の定というか、驚愕したというか、なんとも言えない感情だった。

「いや、キツくなる前に辞めてますやん！」

食事の時間に村上さんが思わず「ツッコミ」を入れる。そう、まだ始めて一週間程度。キツイことを何も経験しないまま辞めていったのだ。「一人立ち」すらしていない状態で。いずれは辞めるだろうとみんな思っていたが、まさかこんなに早いとは……。

結果的に、二〇一四年度は前年度よりも一人少ない人数でシフトを回すことになった。

寮では、毎日の掃除や土日の風呂・トイレ掃除を、下級生が担当することになっていて、前年度は私と徳光くんが交代で行っていたのだが、下級生が私だけになるということもあって、小西さん、村上さん、佐川さんも掃除当番をすることになった。

一般学生との間に感じる「壁」

新聞奨学生にとって、最もキツイのが一般学生との学生生活のギャップではないだろうかと思う。

私自身も一番これがこたえた。新聞奨学生になることが決まっていても、まだ高校生のときは、華やかなキャンパスライフを頭に思い描いていた。それは誰しも同じだろう。だが、入学してすぐにわかってしまった。新聞奨学生のリアルな現実と失われるさまざまな学生生活。その一方で、明るいキャンパスライフを過ごすまわりの大学生たちの姿。

奨学生たちは、大学の友人たちに、自分の置かれている状況を特に隠したりはしないが、入学以来まわりとの距離は開くばかりで、その「ギャップ」に一番嫌気が差してくる。

まわりは遊んでいたり、自由に大学で学んで、のびのびと大学生活を過ごしている。一方で、そんなときに自分自身は新聞を配り続けたり、夜遅くまで集金に回っていたりする。区域的に、学生と出くわすほかの奨学生たちは、一般学生と比較した自分自身の状況に不満を漏らしていた。

だが、そんな「異質な」生活から逃れる方法を、ほとんどの新聞奨学生はもちえない。それほど、「途中退会時の一括返済」は新聞奨学生たちに重くのしかかっている。

村上さんと徳光くんは、一般学生との「ギャップ」について詳しく語ってくれた。

在寮時は、部屋にこもってテレビをずっと観ていた印象のある村上さんも、一般学生に対して憧れを抱いていた。

徳光くんは、わりと遊びに出ることが多く、友達と交友していくなかで「ギャップ」を感じていた。福岡大学には山口県出身の学生がけっこう多く、彼らと一緒にいると、「ほかの人は楽しんでいるのに、俺だけなんでこんな生活しているんだろう……」と思っていたそうだ。

一方で、新聞奨学生は一般学生から、尊敬や敬意の目線を向けられるときもある。村上さんは、自分が新聞奨学生をやっていると知った友達から「新聞配りながらやってるこいつすげぇな」と思ってくれている感じを受けたという。しかし、そのことで、優越感や自分がしていることに対する達成感はない。むしろ、「新聞奨学生しよったこと誇りにも思ってない」、「入ってよかったとは思わん」、「普通の学生のほうがいろんな経験ができるんじゃないかな?」とさえ言っていた。それほど、一般学生の「普通」の学生生活への憧れが強いのだ。

大学では、同じ学部学科の人とはもちろん、サークル活動や学生委員会といった場での交流がある。そして、飲み会などを通じ、交友を深めていくのが、多くの大学生の姿だとは思うが、新聞配達をしていると、そういう場にはかなり参加しづらい。しかも、飲める日となると、自分の休みの日の前日で、週に一日しかない。さらに、新聞奨学生の休みは平日ばかりだ。たとえば、私は金曜日の配達が休みなので、飲みに行ったり、遊びに行ったりするのは、木曜日だった。木曜日の夜に遊びに行ったり、飲みに出かけたりする大学生は少ない。

このように、新聞奨学生は人間関係の構築でさえも制限された存在だ。本来なら大学生は人間関係が広がりやすいはずであるにもかかわらず、佐藤くんは「大学で友達の幅が狭まった」と言っているし、富田くんは「飲みに行けないから、人付き合いが狭まるっていうのがある」と言った。

たしかに、小西さん、村上さんも大学関係のグループの飲み会などに参加していた記憶はないし、そもそもサークル自体も早期に辞めていたこともあって、大学での友達はかなり少ないと言っていた。

労働感覚や労働意識の差も、一般学生との壁ができる要因だ。

まず、労働感覚については、村上さんの語りがすごく印象的だった。

私　一般学生との温度差とかは感じました？

村上さん　あれはちょっとうざかったな。たぶんこっちが勝手に思ってただけやけど、バイトって一般学生もするじゃん？　あれの「明日から三連勤やー」とか。あれはうざかったね。「いやこっち六連勤ですけど？」常に。常に六連勤。

一昔前のイメージにはなると思うが、大学生で三連勤ともなると「バイト漬け」の生活と言える。だが、新聞奨学生はさらにその上をいく、六連勤だ。しかも、「常に」。新聞奨学生からすると、もはや三連勤などへっちゃらだ。それくらい、新聞奨学生は感覚がある意味「マヒ」している。

ただし、村上さんは決して自分たち新聞奨学生が普通だとは思っていない。一般の学生にとってみれば、アルバイトの三連勤をキツイと感じるのが当たり前だと十分承知だ。そういった新聞奨学生と一般学生の労働感覚の溝を感じながら、日々過ごしている。

一方で、武田くんは労働意識の面で、一般学生との壁がある。

ここで言う労働意識とは、自分の労働者としての立場の意識の差だ。たとえば、飲食店で働いていたとしても、正社員と学生アルバイトでは、労働に対する使命感や責任感が違うはずだ。アルバイトだと正社員のように重い責任を背負って働かなくていいし、「自分はアルバイトだから」と割り切ることもある程度はできる。

武田くんの語りからは労働意識の高さが見てとれる。

キツさが働いてないからわからないけん、そこで「(新聞奨学生も) バイトやろ?」みたいなのは思われたりはするよね。

私は、新聞奨学生をほかのアルバイトと同じようなものだと思ったことはない。「今日はバイト?」と聞かれると違和感を覚えていた。「明日、バイトやけんもう帰るね」とは言わない。「明日、配達あるけんもう帰るね」だ。新聞奨学生の立場として新聞配達のことを「アルバイト」と呼んだことはないと思う。

武田くんも同様に、むしろそれ以上の労働意識をもっているように感じた。武田くんの語りからは、新聞奨学生という自らの状況に満足していないながらも、その立場に、ある意味「誇り」のようなものが伝わってきた。

こういった労働意識は、販売店のなかで、新聞奨学生が戦力として扱われているからで、実際にうちの販売店では、アルバイト配達員よりも新聞奨学生のほうが厳しく扱われていたように感じる。だからこそ、武田くんは労働意識を高くもったのだろう。

ただし、現在の学生はアルバイトに対する目的や意識がかなり変化している。一昔前だと、大学生がアルバイトをする理由は「お小遣い稼ぎ」が多かった。しかし、すでに説明したように、学生全体が「貧困化」していて、家庭からの仕送りに頼れない状況にある。そういった学生はアルバイトをすることによって学生生活を成り立たせている。

そのような学生の弱みにつけ込んでいるのが「ブラックバイト」だ。「貧困学生」はブラック企業にとっては都合よく働かせることができる存在だ。

だが、ブラックバイトは「貧困学生」だけの問題ではない。「お小遣い稼ぎ」でアルバイトを始めた学生がブラックバイトの被害に遭い、学生生活がボロボロになるまで働かせられた事例がいくつもあり、ブラックバイトが社会問題になっている。

新聞奨学生以外にも労働によって、充実した学生生活を過ごせていない学生が増えているのだ。話をもとに戻す。

以上のように、新聞奨学生たちには一般学生との間に、壁や距離ができてしまう。一般学生からすると、私たちのような存在をそもそも知らないわけで、本当の意味で新聞奨学生を理解することは難しい。何より新聞奨学生たち自身が、思ってもみなかった学生生活を強いられているなかで、一般学生とのうまい付き合い方を見出せない。

「仕事と学業の両立!」というパンフレットに書かれた謳い文句でさえ、こなすことができていない。それに加え、友人関係も築けないのはあまりにもキツすぎる。

私の場合は、新聞配達を経験していたこともあって、そういったことはある程度予測していた。二年契約を選んだこともあって、三年次以降に友達がいなかったり、自分の居場所がないことをすごく恐れた。そのため、サークルの飲み会の席に極力顔を出したり、仲のいい友人たちのグループとの遊びになるべく参加したり、キツイけれどもサークルに参加したりした。同じ学科の人しかいないサークルを選んだのも、近しい人たちだとつながりがもちやすいという理由もあった。

すべては三年次以降のキャンパスライフのために。

今となっては、三年次以降のために、新聞奨学生時代に身を削った甲斐はあったと思う。あの頃、睡眠時間すら削って、友人たちとの交友関係を築いていったことが、充実した学生生活につながったと思う。

何よりも所属した学科がよかった。学科の教員、先輩、同級生の多くが新聞奨学生という現実を理解してくれた。普通なら、「がんばってる人だなぁ」とか「キツイ人なんだなぁ」とか思う人が多いだろう。新聞奨学生の立場からすると、そういった言葉は他人事のようにしか聞こえなかったりする。その点、まわりの友人たちは新聞奨学生という現実を、自分自身の身近な問題として考えてくれていたと思う。「この問題が今の社会の問題とどうつながっているのか?」「自分たちとどう関係があるのか?」、そう考えてくれることが、私にとっての一番の救いだった。

第6章 辞めていく人たち、辞められない人たち
——奨学生を卒業して見える地平

どのような者たちが続けていくのか

これまで語ってきたように新聞奨学生は「とにかくキツイ」の一言。それは、肉体的にだけではなく、卒業に必要な授業が受けられない、サークルに参加できない、一般学生と距離ができるといったことが精神的に堪えてくる。私が在籍した二年間でも、徳光くんを含め三人の奨学生が販売店を去って行った（私があくまで二年「契約」であることは重要なポイントだ）。毎年の入寮者が〇〜三人ということを考えると、この数字は多いだろう。

では、なぜこんなにも厳しい環境に置かれているのに、残った者たちは続けられたのか？　もしくは続けているのだろうか？

最大の理由は、「途中退会時の一括返済問題」だ。これは、新聞奨学生が契約期間を満了せずに途中退会した場合、給付された奨学金を翌日に一括で返済しなければならないというものだ。

しかし、働いた年数によって一部免除となる場合もある。新聞奨学生制度の多くは、一年コース、二年コース、三年コース、四年コースを設けていて、当該年度新聞配達を完了すれば支給した奨学金の返還が免除される。奨学金のコースを一つしか設けていない日本経済新聞社（東京地区）の例をあげると、それぞれ、一年（一〇〇万円）、二年（二二〇万円）、三年（三二〇万円）、四年（四五〇万円）と設定されている。たとえば、授業料二年計一八〇万円（一年次一〇〇万円、二年次八〇万円）の学校に通うため二年コースを申込み、一年半で新聞奨学生を辞めたとする。その際、一年間は新聞配達を完了しているため一〇〇万円は免除され、残りの八〇万円に対して一括返還義務が生じる。

一部免除とは言っても、貯蓄がない家庭にとっては捻出することが不可能に近い金額だ。と言うか、そもそも貧乏人がこんな金額を一括で払えるわけはない（払えたら、新聞奨学生なんてやってないわー!!）。貧乏人の弱みにつけ込んだ制度で、この制度が貧乏人ありきで機能していることを示している。

私が入寮した当時の寮長や、徳光くんと入れ替わりで入ってきて一週間で辞めた新人の家庭は、そこまで貧しくはなかった。一週間で辞めた新人が入寮したときに家族全員で見送りに来た光景からは、とてもではないが貧困な状況は見えにくい。彼らのような学生には、この制度から逃げることのできる選択肢が用意されているが、私や新聞奨学生制度を続けざるをえない者たちは、逃げる術を奪われている。

雨宮処凛氏は新聞奨学生のことを「債務奴隷」や「人身売買」と表現しているが、よく言ったものだと思った。

新聞奨学生は自分たちの置かれている状況をよくわかっている。「刑務所よりキツイやろ」みたいな冗談は日常茶飯事。

「キツイ」「しんどい」「早くここから出たい」。

「ラクだ」という言葉は決して出てこない。

しかし、辞めるわけにはいかない。そんな彼らの「思い」や「事情」をいくつか紹介したい。

• 徳光くんの場合

徳光くんは結局、一年間で辞めたが、それは母親の介入が大きかった。入寮直後から「辞めたい」と言っていた徳光くんは、辞めようと思えばすぐにでも辞められる条件がそろっていたはずなのに、なぜ一年間やり続けることができたのだろうか？

最初は正直辞めようとしたね。やっぱいろいろ生活環境がいきなり変わったから（最初は）正直つらかったし、辞めようと思って親にも電話したことはある、ほんとに。あるけど、そのときになんで辞めんかったかって、その一年間やったんかって言われたら、自分自身やるっていう決意したのに、こんなとこで挫折していいんかなって思って。こんなとこで挫折しとるようだったら将来……的にもね、俺、挫折また繰り返すんじゃないかなって思って。とりあえず自分が納得するまでは、がんばってやり続けようと思って、うん、それが一番でかかったかな、結局は。

徳光くん自身、甘えて育ってきたことは、販売店の新聞奨学生たちと出会ったことで自覚していた。しかし、彼はそこで、これまでのように甘えていくのではなく、自分自身を厳しい環境に置き、母親から言われるまでは新聞奨学生をやり続けることを決意した。おそらく、徳光くんは母親からの「勧告」がなければ、二年間新聞奨学生を続けていた可能性が高い。

また、母子家庭で一人っ子として育ってきたことも、彼の思いに反映されていた。「母親の負担を少しでも減らした」かったというのが、徳光くんが新聞奨学生になろうと思った一番の理由だった。この制度を利用しなくても進学できたにもかかわらず、利用しようと思ったのは、彼が母親を思う気持ちが強かったからにほかならない。

・村上さんの場合

新聞奨学生制度や販売店に対して一番不満を漏らしていたのが村上さんだった。自分の信念をもち、販売店側と衝突することもたびたびあった。新聞奨学生制度によって自分の学生生活が崩れていったことは十分理解しているが、大学に期待していることは特になく、執着している様子もない。にもかかわらず、なぜ村上さんは四年間も新聞奨学生を続けることができたのだろうか？

「辞めたい」は毎日。「辞めよう」は一回もない。（中略）
たぶん自分がラクになるんやったら新聞奨学生やってない。自分（のため）じゃないやん？
新聞奨学生やる理由って。なんか親に金がかかるとか。

で「大学行く」って言ったのも自分やし。普通に就職するって言えば早かった話やけど、「働きたくないけん大学行く」って言ったのも自分やし。てなったらやっぱ……ねぇ？　親とか、弟妹がまだ小っちゃいけん余計金がかかるってなって。新聞配達して自分がラクになるだけやったらしてないけど、俺が今新聞配達をしてることで親は俺の学費払わんでいいし、なんなら逆に親に金を振り込んでやったりとかもしとったけん、「これで家族がラクになるんやったら」っていうモチベーション。どっちかと言うと。自分のためだけやったら絶対辞めるやん？　新聞奨学生。(自分のためだったら)俺すぐ辞めてた、ほんとに。

俺が高一のとき、親がもう離婚しとったけん、で俺の親父が高一のときに子ども四人引き取ったったい。家からお袋が出て行って、で、みんな残ったけん。親父と子ども四人やったけん。俺の兄貴、俺、弟、妹。俺と兄貴は高校生で部活しよった。妹が小学校一年とか二年、弟が中二とかやけん。で、みんな部活しとったけん。それを高校のときからずっと見よったけん、やっぱ「親には何かせな」って思ったけん新聞奨学生。

村上さんの場合は、家族だ。

熊本の田舎に暮らしていた村上さんは、きょうだいも多く、特に裕福でもない。しかも弟・妹はまだ高校生になってもいない。彼らのためにも自分の教育費を父親に捻出させるわけにはいかない。地元の高校では就職するのが「普通」。そんな環境のなかで進学したことは、村上さんにとっては「自分のワガママ」であり、自分のワガママで家庭に負担をかけたくはなかったのだ。

村上さんだけでなく、徳光くんと、佐藤くんもまた家族のことを思いやって、新聞奨学生という道を選んだ。佐藤くんは兄が私立大学に進学したため、これ以上両親に負担をかけられない、妹がラクに進学できるように、といった思いがある。

新聞奨学生になった者のほとんどは、少なからず家族への、「負担を減らしてあげたい」という思いがある。

続けたから強くなった？

キツイ仕事、自由の利かない生活。そのせいで学生生活が破綻し、どんどん辞めていく。「脱落者」は数えきれないほどいるに違いない。しかし、そのなかで「脱落」せずに最後まで「生き残った者たち」。彼らはとにもかくにも称賛されるべきだ。

だが、在籍当時から所長のある言葉に私と村上さんは疑問を抱いていた。

「この（新聞奨学生の）経験がお前らを強くするんや」

こういった類の言葉を二年間、耳にタコができるぐらい聞いてきた。宴会の席では毎度のこと。入寮したとき、はたまた退寮する前にも「しっかり」言われる。

このような体験は、何も新聞奨学生に限られない。部活動の三年間、貧乏時代（今も相変わらずだが）の生活、いろんな場面で言われてきた。私以外にも言われ続けてきた人は多くいると思う。苦労した経験が、あとあとの人生に生かされると……。過去のこういう経験が自分の人生に生かされたみたいな話はテレビとかでもよく聞くが、あくまで結果論なわけで、苦労した経験が生かされなかった人も大勢いるはずだ。簡単にキラキラした言葉を言われたくはない。

とにかく私と村上さんは、所長が新聞奨学生を「美化」したがることに嫌気がさしていた。何か引っかかる。この言葉の気持ち悪さは何なのか。村上さんの言葉を見てみよう。

私　新聞奨学生やってよかったですか？

村上さん　あぁまったく思わない。まったく思わんね。

私　それは何でですか？

村上さん　何でかな？　タメになった気がしない。なんか最初よく言われよったのが、「四年間やったら精神的に強くなるよ」とか。

私　あぁ言われますね。

村上さん　「四年間がまんすれば精神的に強くなるし、人として成長できるよ」みたいな、「強くなるよ」って言われたけど、「いや違うぞ」と。「最初から強いから四年間続けられるんやぞ」っていう。だけん○○（新聞社）に入って何かしら成長した部分は俺はないと思ってる。俺はね。

つまり、所長の考えでは「四年間続けた＝精神的に強くなった」だが、村上さんによると「四年間続けた＝そもそもから精神的に強い」、だから精神的に弱い者は四年間続けられないし、精神的にももともと強い者は四年間続けられるのだという。たしかに、村上さんの語りは的を射ていると思う。実際に私を含め、われらが販売店の新聞奨学生の愉快な仲間たちは、貧乏人だったり、母子家庭だったり、きょうだいを多く抱えていたりするなど困難な状況に置かれており、精神的に強くならざるをえない環境で育ってきた「ツワモノ」たちだ。そういった彼らの特徴をふまえると、村上さんの言う「最初から強いから四年間続けられる」というような話の筋は納得することができる。なるほど、これがどうやらあの励ましの言葉の気持ち悪さの原因らしい。

ただし、新聞奨学生の経験が何も役に立たないとか、このがんばりを否定したいわけではない。ただただ、他人事のように「がんばってるねぇ」「この先きっといいことあるよ」、みたいな目線で見られるのが嫌なだけだ。

四年間「辞めなかった」ご褒美——ハワイ旅行

私が応募した新聞社では、四年間続けた者にはそのご褒美としてハワイ旅行が用意されていた。ほかの新聞社でも同様にハワイ旅行なり、そういった「ご褒美」が用意されている。

私は二年契約だったので、ハワイ旅行には行けなかった。別に行けなくてもよかった。母から、「生活保護は海外に行けない」と言われていたので、特に海外への憧れはなかった。もしかしたら私が進学することになっていたかもしれない私立高校に進学した友人は、たしかシンガポールに修学旅行で行っていたので、修学旅行が国内だった公立高校に進学してよかったと思う。いつかは海外に行きたいと思っているが……。徳光くんも当然ハワイ旅行はなかった。

ハワイへは四年生のときに三泊五日で行くのだが、小西さん、村上さん、佐川さんは同学年で、一気に三人も五日間いなくなってしまうと、配達員が足りず回らなくなってしまうので、三年次に佐川さん、四年次に小西さんと村上さんがハワイへ行った。

当然、これほど長く二人も抜けると主任さんたちに休みはない。こういうときぐらいXさんが配ればいいとは思う……まぁ配達員として戦力になるかはわからないが。

旅行前は何かと忙しそうだった。学校と配達の合間にパスポートを取得しに行ったり、為替レートを調べたりしていた。全員初の海外旅行だ。

小西さんと村上さんが旅行中のときは、なんだか寂しかった。いつもなら食事の時間に小西さんか村上さんがいるが、佐川さんと食事の時間が被ることがあまりないので、この間は一人で食べることが多かった。佐川さんと被っても、食事中はあまり会話がないので、いつもとは食堂の雰囲気が違う。また、私は月に一度あるかないかくらいの頻度で朝刊配達に遅刻していて、起こしに来てくれるのは小西さんだったので、このときは絶対に遅刻できないと思っていた。村上さんは絶対に起こしに来てくれないし、佐川さんもそんなに起こしに来てくれない。

旅行中は、あらためて二人の存在の大きさを感じた。

二人が旅行から帰ってくるとお土産をもらった。お菓子だったが、「日本のお土産のクオリティは高いなぁ」と思った。

ハワイ旅行は各地区の新聞奨学生たちとまとまって行ったらしく、同じ新聞社の東京地区の人とのエピソードを話してくれた。印象的だったのが、東京地区と福岡地区の待遇面の違いだ。給料が違うのは当然だが、東京地区では集金業務が任意で、しかも、「一件五〇〇円」と、給料とは別に報酬が出る。休みも東京地区のほうが多いらしく、相対的に私たちが低待遇なのに対して不満が募った。

三人とも新聞奨学生制度を通して初の海外旅行を経験したが、なんだかんだで三人とも楽しかったと言っていたのを覚えている。

卒業間近の大事故

二〇一五年一月、四年生は卒業まであと一息。私も新聞奨学生「卒業」まであと少し。後期の試験も終わって、残る二か月間、ただただ配達をするだけの日々。四年生たちはすでに就職先が決まっていて、私も、頭のなかは寮を出たあとの大学生生活でいっぱいだった。

このまま何事もなく退寮したい。みんながそういう思いで過ごしていたはずだ。おもに配達。ここで何か起こると下手をすれば卒業できないかもしれない。そう思っていたときに「事故」が起こった。

佐川さんが大きな事故に巻き込まれた。朝刊の帰りに、住宅から大通りへ出ようとしたとき、佐川さんはトラックに轢かれた。病院に立ち会った主任さんの話によると、事故直後の佐川さんの状態はとてもひどかったらしい。

退院後、佐川さんは松葉杖をついていた。全治、半年。松葉杖なしで動けるようになるのにも数か月はかかり、その頃にはすでに卒業している。最後の最後で佐川さんは事故を起こしてしまった。次年度の新入生もまだ入ってきていないこの時期に、配達員が一人欠けるのは、販売店にとって非常に痛い。また、佐川さんにとっても、残りの二か月弱、新聞奨学生としての責務を果たせないということで、途中退会時の一括返済が発生するのかどうかも問題であった。

事故直後、佐川さんの母親のもとに連絡が行き、実家からすぐに駆けつけてきた。すごくショックな様子で、急な出来事だったので、数日の間、佐川さんの部屋に泊まることになった。

いろいろな問題が出てきたが、まず、途中退会時の一括返済問題はだいじょうぶだったらしい。おそらくは自主退職ではなく、事故だったからで、また卒業まで残りわずかだったからだと思う。

配達員に関しては、ちょうどこの頃、新規採用の主任さんを雇ったので、なんとかなった。また、私たち四人が同時に退寮することは前から把握していたので、アルバイト配達員を募集していた。

佐川さんは、配達ができない状態なので、可能なかぎりの雑務をすることになった。また、新しく入ってくる新人の順路帳や教育の準備もできるかぎりしていた。

何はともあれ、命があるだけ幸いだったが、新聞奨学生の職務上のリスクの怖さを感じた。四年もの間、ほぼ毎日バイクに乗っていて、今まで事故を起こしてこなかったこと自体たいしたものだ。だが、最後の最後で「緩み」として出たのかもしれない。事故後は、私を含め、小西さん、村上さんも最後まで気を張り詰めて配達に臨んだ。

「退社式」

大学が春休み期間中のため、配達業務だけをする日々。先輩たちとともに、私も新聞奨学生卒業を間近にするなか、「退社式」が行われた。

先輩たちが「退社式」に参加するのは当然だが、私も呼ばれるとは思わなかった。徳光くんは途中退会扱いだったため、辞める年に呼ばれなかったが、私の場合は契約満了ということで呼ばれたのだと思う。小西さんたちと一緒に「退社」すると思うと不思議な感覚だった。

「退社式」には私、小西さん、村上さんの三人が出席した。佐川さんは事故の怪我の影響で欠席だった。また、所長も重役として会に出席した。

場所は、「入社式」のときとは違うところで、歓談ができる会場で催された。「入社式」のときは日中に行われたが、「退社式」は夜の開催で、会場で中華料理を食べることができた。ここ数年、同じところで行われているそうだ。

「退社式」では、「入社式」と同じく「お偉いさん」たちが奨学生に向けて、「この経験を糧にして今後がんばってくれ」と激励の言葉を送ってくれた。その「お偉いさん」のなかには、私たちの所長もいる。退社式での奨学生代表の答辞で小西さんが選ばれた。所長からの推薦らしく、私にとっても誇れる先輩だ。

歓談中、喫煙所に行ったとき、他店の奨学生たちと話す機会があった。他大学の四年生で、これまでのお互いの新聞奨学生の経験を語り合った。

会場を見渡すと女子学生もいる。かなり体力が求められるこの仕事で、卒業までやり切れるなんてかなりすごい。同じテーブルには他店の奨学生で、その販売店で唯一の奨学生だった人もいる。奨学生一人でずっと続けるのはとても困難だっただろう。

そう言えば、「入社式」のときに出会った、専門学校の奨学生は続けられたのだろうか？　会場を見渡すにしても、二年前のことなので顔を覚えていない。

おなかいっぱいになったあと、記念品をもらい、三人でタクシーに乗って帰った。

記念品は「カタログギフト」で、カタログのなかから自分で好きなものを選んだ。村上さんが私のカタログを見て、「四年間やったのにお前と一緒のやつ（カタログ）かよ〜」と冗談気味で言った。たしかに二年しかやっていないので、ちょっと申し訳なくなった。

カタログギフトからは腕時計を選んだ。新生活に向けて考えると、家電製品でもよかったが、私は腕時計をもっていなくて（一〇〇円ショップの腕時計はあるが）、ちょうどその頃ほしいと思っていた。

その時計は、私の「血と汗と涙の結晶」だ。今でも愛用している。

二人の新入生と退寮まで

二〇一五年三月、続々と新聞奨学生が販売店から去っていく。例年、うちの販売店では一人、二人が販売店を去り、同じ数程度の新しい奨学生が入寮するが、この年は、一一年に入寮した三人、そして一三年に入った私が二年契約ということだったので、四人同時に販売店を去ることになった。私たちの下の在寮奨学生はいない。販売店の奨学生メンバーは、新しく入ってくる奨学生と完全に入れ違いとなり、一新する。

二〇一五年度の、うちの販売店の新規新聞奨学生は二人。武田くんと佐藤くんだ。先に武田くんが入寮し、続いて佐藤くんが入寮してきた。このとき、すでに村上さんは退寮していて、佐藤くんが入った数日後に小西さんも退寮した。

武田くんは私より一歳年上だが、担当区域上、教育係に私がついた。「自分ももう教育係かぁ」と、二年前に佐川さんから配達の「いろは」を教えてもらったことを思い出し、後輩の存在に「もう卒業かぁ」と思った。

「よし！　自分も佐川さんにしてもらったように、しっかりと引き継ぎ役をしよう！」と思っていたが、武田くんは東京で新聞奨学生の経験があり、しかも、一歳上でも同級生のように接してくれたので、教える側としてはかなりラクだった。一人立ちするまでの期間もかなり早かったので、退寮までの残りの配達はずっと後ろをついていくぐらいだった。

武田くんは、東京での新聞奨学生の経験を語ってくれた。東京と福岡という地域で異なってはいても、新聞奨学生が置かれている厳しい状況は、どちらもあまり変わらないそうだ。ただ、部数の違いはかなりあるみたいで、東京では三〇〇、四〇〇部と配っていたらしい。だが、福岡に比べると東京は一件一件の配達間隔が短く、なおかつ私と武田くんが担当した「七区」は階段も多く、配達のキツさはあまり変わらないと言っていた。

また、私が調べたネットの口コミで書いてあったように、販売店の当たりはずれもあるなどの事実も知ることができた。ただし、これは当人の受けとめ方や、そのときの奨学生仲間との関係にも左右されるだろう。実際、武田くん、佐藤くんの一年後に入ってきた増井くんにとっては、先輩である佐藤くんの存在や立地条件を考えると、うちの販売店は「当たり」だったそうだ。

正直なところ、第一印象では、武田くんは「やっていけるだろうな」と思ったが、佐藤くんは運動部に所属していたわけでもなく、見た目も少しひ弱な感じで、「ちょっと厳しいかなぁ」と思っていた。けれど、性格的には失敗しても愛されそうな感じで、意外とガッツがある。なんとか二人でうまくやっていってくれ、という思いだった。

配達以外にも教えることはある。私たち四人が抜けたあとの寮生活についても伝える必要があるし、それに関しては所長や主任さんが請け負う部分ではない。寮の掃除や、食事や洗濯に関すること。かなり緩いが、寮の決まりごと。武田くんに対しては、本人が教職課程を取りたいということだったので、福岡大学の教職課程やそれと新聞奨学生制度のやりくりについて伝授した。武田くんは当時二一歳とは言っても、大学入学ははじめてなので、もちろん（新聞奨学生としての）大学での過ごし方も伝えた。

歳が三つも離れているので、仲良くやっていけるか不安だったが、いつのまにか二人は下の名前で呼び合う仲になっていた。なんとかうまくやっていけそうだと思った。

小西さんも退寮し、寮に残っているのは私と佐川さんしかいない。徳光くんが寮にいたことも懐かしく思った。

三月ももう終わろうかとする頃、佐川さんが退寮した。ここの新聞奨学生の特徴なのか、みんな何事もなかったかのように寮を出ていく。次の日には、いよいよ私も二年間お世話になった寮を去る。待ちに待った「キャンパスライフ」を楽しみに思いながらも、「普通」の学生になれるのか、不安もあった。

武田くんが寮に来てからは、彼のサポート役に回ってばかりだったので、まともに配達をしていなかった。そして、久々に迎えた最後の配達は休日の武田くんに代わってのものだった。つい二か月前に佐川さんの件があったので、かなり慎重な配達を心がけた。ただ、私の場合は、ちょっとした「ミス」で覆面パトカーに検挙されないかの心配が大きかったのだが……。

その日の配達は、二年間耐えたという思いで、もっと感慨深いものになるのだろうと想像していたが、そうでもなかった。だが、一件一件ていねいに配っていたような気がする。朝刊のみの購読者の家には、「このポストに入れるのもこれで最後かぁ」と朝刊時に思いつつも、夕刊配達は「さっさと終わらんかなぁ」と考えていたと思う。最後の夕刊を配り終えたあとも気を抜けない。「七区」は販売店までの距離が長いし、しかも夕刊時の帰り道は渋滞しているので、気が早ると事故を起こす危険性もある。「販売店に帰るまでが配達」だ。

今までけっこう何かとやらかしてきた私だが、この日の配達は無事終了。販売店の人たちに「お疲れさん」と軽く声をかけてもらい、ホッと一息つくことができた。かなり短い付き合いだったが、武田くん、佐藤くんにも労いの言葉をもらった。

ただ、ここからもう一仕事ある。次の日の引越しの準備がほとんどできていなかったので部屋の片づけをしなければならない。狭い部屋のなかには、来たときとは違って、まぁまぁの量の荷物があったので、けっこう時間がかかった。新聞奨学生の二年間で稼いだお金で買って増えた服や漫画の数々。村上さんが買ってくれた誕生日プレゼント。懐かしく思いながら、ダンボールに詰めたり、いらない物は捨てていった（もちろん村上さんからのプレゼントは捨てずに保管している）。引っ越し作業は深夜まで及んだが、「もう朝刊配達で早起きしなくていいんだ！」と思うと、気がすごくラクになった。

二〇一五年三月二九日、私は二年間の苦難を乗り越え、「社会復帰」を果たした。

三年次前期分の授業料や、寮を出たあとの生活費を考えるとむやみにお金を使うわけにはいかないので、引越し作業は業者にたのまずに、レンタカーを借りるなどした。新居は大学の近くだ。大きな荷物はテレビやタンスぐらいだったので、販売店から二回に分けて運んだ。冷蔵庫は大学の先生からもらうことができた。東京の大学に移るので、「よかったらどうぞ」ということでいただいた。その先生の授業を取りたかったのだが、「夕刊の壁」によって取ることができなかったのは非常に残念だ。だが、冷蔵庫をもらった分の浮いたお金で、新品の洗濯機を買うことができた。

引越し作業は、学科の友人に手伝ってもらった。新居の近くに住んでいて、「お隣さん」になる友人だ。

午後からは母も手伝いに来てくれた。冷蔵庫や洗濯機以外のガスコンロや照明などの必需品をレンタカーで一緒に探しに行った。母は車の免許をもっていなくて、私が免許を取得してから、このときはじめて車に乗せたので、なんだか感慨深かった。

レンタカーを返しに行ったあと、まだ自転車が販売店の寮に置いたままだったので、それを取りに行って、あらためて所長や主任さんに「今までお世話になりました」と挨拶をした。所長は、「困ったらいつでも来い」と言ってくれた。

新居に戻る頃にはもう日が暮れていた。まだ全然片づいていない部屋のなかで、「早起きをしなくていい」ということに、なんだか慣れない不思議な感覚だった。

新聞奨学生たちのその後

三年次以降も数人とは何回か連絡をとった。卒業論文で「新聞奨学生」を題材にしたということもあるが、彼らのその後を伝えておきたいと思う。

私や先輩たちが新聞奨学生を「卒業」する前年に辞めた徳光くんは、それ以降も学校ですれ違うことが多々あり、たまに飲みに行くこともあった。

在寮中に小西さんからかなり刺激を受けたこともあって、二年の頃からインターンシップに参加したそうだ。新聞奨学生時代に比べるとかなり自由な時間を過ごしているらしい。

アルバイトはコンビニで深夜勤務をしていた。そこのコンビニが私の配達担当区域だったので、偶然遭ったときはとても驚いた。新聞配達で深夜に起きている習慣が身についたのはよかったと言っていた。

新聞奨学生時代と辞めたあとの学生生活、どちらが充実していたかと聞くと、「今のほうが断然に充実している」と即答した。取りたい授業、サークル、アルバイト、何もかもが自由に選択できるからだ。一方で、新聞奨学生も「よい経験になった」と言う。まわりが恵まれていない家庭出身の人ばかりで、自分がいかに恵まれていたか、甘えて人生を過ごしてきたかと思ったそうだ。何より、小西さんという同じ学部のすばらしい先輩の存在が、その後の学生生活を「どう価値あるものにするか」考えさせる契機になったのだろう。

卒業後は地元の大手銀行に就職した。これも小西さんから就職活動についていろいろと聞いたおかげだと言っていた。

小西さんは、就職活動が大成功して、第一希望の企業に就職した。新聞奨学生として、就職活動さえ制限されていたにもかかわらず、四月一日の解禁日で内定をもらっていた。当初は広島で勤務していたが、現在は四国に配属されたそうだ。

卒業論文の聞き取り調査を何度か依頼したが、私も四年次に教育実習があって、なかなかスケジュールが合わず、結局、退寮後一度も会えていない。福岡には何度か仕事やプライベートで来ているらしい。たぶん、また福岡に遊びに来ると思うので、そのときこそは会ってみたい。

四年次に、徳光くんと一緒に、所長に誘われて飲みに行ったことがあったが、そのときに所長が勢いで小西さんに電話した。「声が小さい！　それでも社会人か！」と少し説教していたが、そのとき、小西さんはほかの社員がたくさんいるところで休憩中だったそうで、あまり電話に出たくなかったらしい。こういう場面に出くわすたびに、所長よりも新聞奨学生たちのほうが「大人だな」と思う。

将来は、海外で起業したいと語っていたのを今でも覚えている。

村上さんは、親の「ツテ」で地元のＪＡに就職した。小西さんや佐川さんと違い、就職活動をしている姿をほとんど見たことがなかった。卒業間際に聞くと就職先が決まっているそうで安心した。卒業論文の聞き取り調査で、熊本に会いに行ったときは、あまり変わっていなくて、「村上さんらしいな」と思った。社会人になってすぐ、大型バイクと車をローンで買い、少ない給料でキツイと言っていた。その車に乗って、ついでに二人で熊本巡りをしたが、新聞奨学生時代のように、お互いに当時の愚痴を語り合った。

村上さんに「新聞奨学生の経験が人生に役立っているか」と尋ねると、「まったくならない」と言った。村上さんにとって新聞奨学生という経験は、自分の成長のためのものではなく、あくまで親や家族に負担をかけずに大学進学を果たすためのものだったという。所長が口癖のように語る、「この経験がお前らの人生のためになるんや」という言葉にいつも疑問を感じていた。結果として、村上さんにはその言葉が当てはまらなかったということだろうか。

地元で就職できたことは満足だと言っていた。

佐川さんは、あの事故がありながらも無事に退寮することができた。いわゆる「ブラック企業」に就職が決まったことに嘆いていたが、卒業後、先輩三人のなかで佐川さんだけが販売店に顔を出しに来ているらしい。そこも佐川さんらしさだと思う。

新聞奨学生としての私の「師匠」だが、特に連絡を取り合うような仲でもなかったので、卒業後どこに行ったのかはわからない。うわさでは、現在は宮崎県で勤務をしているらしい。

私たちが出て行ったあとの奨学生たちのその後も紹介しておきたい。

私が退寮してまもなく、武田くんと佐藤くんはすれ違うことが多くなったらしい。お互いの生活スタイルなど、価値観が合わないからだと佐藤くんが言っていた。

授業に関しては、二人ともけっこう単位を落としてしまったらしい。佐藤くんにいたっては、一年間で取得できる単位数四〇弱のうち、わずか数単位しか取得できなかったという。しかも、その数単位は一般教養の科目で、いわゆる「楽単（楽勝で取れる単位）」と呼ばれている先生の科目だったらしい。佐藤くんはおそらく留年がほぼ確定で、新聞奨学生を五年以上することになるかもしれない。

本人は「新聞奨学生制度のせいで単位を落とすこと」になったと言い訳をしたくはないそうだ。だが、実際に、朝刊の疲れで学校に行く気力が出てこなかったり、仮眠をとろうとしてそのまま寝過ごすことが多かったりという状況で、彼の努力云々で済ますことのできない問題もあるだろう。通常は学生生活への心配はあまりしない販売店側も、取得単位数があまりにもひどいため、佐藤くんのことをかなり心配し、学校に行かせるように起こしたりしているらしい。

武田くんもまた教職課程の取得に苦戦しているようで、新聞奨学生を四年間続けずに、私と同じように制度をうまく利用するつもりだと言っていた。

サークルに関しては、二人ともうまくいっていない。佐藤くんの場合は、仕事が休みの日は参加できているようだが、武田くんは人間関係が原因で悩んでいると言っていた。

新聞奨学生として学生生活がうまくいっていなかった二人だが、一年後、二人の後輩として夜間部に入学した増井くんが入寮し、彼の存在が二人に刺激を与えたらしい。

二人とも先輩としての自覚が芽生えたのか、二人の学生生活によい影響をもたらした。また、聞くところによると、増井くんはかなり優秀な人で、配達も完璧にこなすし、配達がきつくて授業を休むということはない。佐藤くんと増井くんは、すぐに仲がよくなったそうだ。増井くんは入寮して数か月で「代配」を任されるようになったり、学校を休まず通ったりと、その姿に佐藤くんはかなり刺激を受けたそうだ。

実際、私が増井くんに聞き取りをしたのは彼が一年生の夏休みだったのだが、前期分の単位はすべて取得することができていて、彼がいかに優秀かをうかがうことができた。その姿を見た佐藤くんは、自分の一年次のときの姿と照らし合わせ、勉強に励むようになったそうだ。今では、試験前に二人で勉強をしているという。

うちの販売店では、乾燥部屋に洗濯物を干すのだが、なんとかして天日干しできないかと工夫したりと、生活面でも、いろいろと二人で環境の改善に取り組んでいる。

武田くん、佐藤くんに好影響を与え、また販売店にとっても大事な「戦力」として、増井くんの存在は大きい。一方で、彼は夜間学生ということもあって、どうしても集金活動の時間帯と授業が被ってしまうので、集金の回収率が悪い。だが、集金が得意な武田くんと佐藤くんの姿を見て励みになるなど、先輩－後輩間でお互いに刺激しあえる関係になっている。

彼らにはなんとか最後までやり切ってほしい。

新聞奨学生時代とその後を比べて

私の新聞奨学生卒業後の学生生活も振り返ってみたい。

新聞奨学生期間が終わったあと、販売店の寮を出なければならないが、私は実家に帰ることができない。母は現在も生活保護を受けているが、生活保護世帯の子ども分の支給は高校卒業までだった。実家に戻って母と暮らしながら私がアルバイトをすると、その分、生活保護費を下げられてしまう。「横山家では高校を卒業したら家を出る」ということを中学あたりから言われていた。弟も高校卒業後、実家を出た。そういう意味でも、新聞奨学生の「全寮制」は、私にとってはかなりありがたかった。家賃もいらなかったからだ。

アパートを借りることになったのだが、大学周辺の学生アパートは入試後、すぐにいい物件がなくなってしまうので、推薦入試が始まる前の一一月頃から母と一緒に物件を探し始めた。とりあえず安さを求めて、希望としては三万円以内。物件はすぐに絞り込めた。二件ぐらいに絞ったが、駅に近いほうの学生アパートを借りることにした。家賃は水道代込みで二万二〇〇〇円。駅に近くてこの値段は破格だ。貧乏暮らしをずっとしてきたので、十分満足な物件だった。

今だから言えるが、販売店では、ほかのアルバイトをすることを認めていないが、退寮間近の二月下旬からこっそりとアルバイトをしていた。というのも、その時点で貯金はけっこうあったが、新学期からの生活費や引っ越し代（家具とか）、授業料でほとんど消えていく。四月からすぐに働けるところを探していた。

そんなときに高校時代のアルバイト先の大先輩から「戻ってこないか？」という連絡があった。私はすぐに承諾した。そのアルバイト先は二四時間営業の飲食チェーン店だ。私は、少しでも時給が高いところがよかったので、そこの深夜メンバーとして働いた。高校時代に働いていたことを考慮され、時給が安い研修期間が短かったことも、そこに勤めようとした理由だ。

そのアルバイト先には、私が高校のときからの先輩メンバーもいて、かなり戻りやすい環境があった。学生のアルバイトが多く入ってくる店舗だったので、プライベートでも彼らと遊んだりしていた。ほかの大学や専門学校生が多かったので、こういうところで人間関係を広げられるのも、販売店にいた頃にはないアルバイトならではのいいところかなと思った。

ちなみに、三月はまだ新聞奨学生ということもあって、午前中にアルバイトをしていた。そのため、「朝刊配達→アルバイト→夕刊配達」という日がけっこうあった。配達が休みの金曜は深夜勤務で研修を受けていた。もちろん、本職の新聞配達に支障がないレベルで、だ。そのおかげで、四月からは研修中の時給ではなく、通常の時給で働くことができたし、生活費にもゆとりができた。

深夜アルバイトを選んだのは、学生生活の時間に、なるべくアルバイトの時間を組み込みたくなかったという理由が大きい。そのアルバイト先の深夜勤務での労働時間は基本的に八時間（休憩時間を除く）、二二時から翌朝の八時までがほとんどだった。一方で、夕方の勤務は四時間半〜五時間。深夜だと、週四日で三二時間働けるが、夕方だと週六日働いて三〇時間届くかどうか。しかも、時給は深夜のほうが高い。また、私はパソコンを持っていなかったので、夕方の時間帯は学校のパソコンでレポート作成などをしたかったというのもある。睡眠時間を削ることにはなるが、深夜に働いたほうが効率的だと思った。

新聞奨学生を卒業したあとも、ほかの学生に比べると労働に追われる状況に変わりなかったが、新聞奨学生のときのような、重圧感というか、制限されているというような感じはあまりしなかった。具体的に言うと、新聞奨学生時は新聞配達や業務を前提に、時間割やサークルへの参加も枠づけられ、学生生活が拘束されていた。一方で、三年次以降に勤めていたアルバイト先は、シフトスケジュールがわりと自由に組めるところだったので、授業やサークルに合わせて働くことができた。どちらも労働に追われる立場だが、よくよく思い返してみると意味合いがまったく違っていた。もちろん、三年次以降の学生生活のほうが充実していた。

新聞奨学生を辞めたあとも、深夜アルバイトをしていたので、私のこの四年間は寝不足といかに戦うかが最大の課題だった。けれど、新聞奨学生のときは週六だった勤務が、深夜アルバイトだと週四日程度で、新聞奨学生のときと比べるとラクに感じた（長期休暇中は勤務日数を増やしていたが……）。大雨や台風のなかで働くこともなく肉体的負担も少ないと感じた。

新聞奨学生だった頃よりも、授業、サークルなどにかなり参加できるし、何よりも一年のときからの友人たちが、ずっと仲よくしてくれたことで、自分の「居場所」があるのがうれしかった。アルバイトで人間関係も広がった。

新聞奨学生の後半から新聞を読むようにしていた。自分が気になる記事に関してだけだったが、小西さんが就活時期になると、毎日、経済面などの記事を切り取って、「就活ノート」をつくっていたのを覚えている。小西さんは、就活の面接のときに、そうして蓄えた「企業研究」を武器に、いかに自分がその会社に入りたいかアピールしたという。「私は誰よりも貴社のことについて研究しました。何なら（その就活ノートを）お見せましょうか？」と言ったそうだ。すると、「いえ、だいじょうぶです。あなたの熱意は伝わりました」と言われ、その場で内定をもらった。

私もそのぐらいの意気込みで、採用試験で教員としての意欲を見せられたらと思い、教育時事を集めた「教育ノート」なるものをつくろうと思っていた。

新聞奨学生が終わる頃から、販売店に余っている新聞の記事を切り取ってつくり始めたのだが、販売店を去ったあと、どこの新聞社と購読契約をしようかと迷っていた。それに、大学三年生にもなって新聞を読まないということに危機感すら抱いていたこともある。

引っ越してから一か月ぐらいたったある日、某新聞社の営業マンが「うちの新聞を取りませんか？」とやって来た。私が「教員になろうと思っているが、どこの新聞を取ろうか迷っている」ということを伝えると、「うちの新聞は教育の記事が多いからぜひ取ってください」と言われ、その場で契約をした。

また、自分が、学費や生活費を全部自分でまかなっていることや、少し前まで新聞奨学生をしていたこと、「新聞業界ってたいへんですよねぇ」といった話をしていると、学割で朝刊のみ二五〇〇円の購読料を二〇〇〇円にしてもらえた。さらに、粗品もたくさん持ってくると言われ、洗剤やトイレットペーパー、ティッシュをすぐに持ってきてくれた。そのサービスのよさに感動した。「前、いたところの粗品は綿棒とかキッチンペーパーとかだったのに……」と思い、大学生活の残り二年間、その新聞を取り続けた。

私が新聞奨学生のときに所属していた会社の新聞を取らなかった理由はいくつかある。まず、教育記事が少なく、私の関心から逸れた記事が多いこと。購読料が、四〇〇〇円以上と高額なこと。そして、購読するとなると所属していた販売店と契約することになり、販売店を去ったあとも何かとかかわることになってしまうからだ。

だが、実は三か月間その販売店と契約し購読していた。ある日、主任さんから電話がかかってきた。

「三か月でいいから契約してくれない？」

その主任さんは、営業で契約数が伸び悩んでいて、私に協力してほしいということだった。ただし、購読料はその主任さんが払ってくれるので、住所だけ貸してほしいということだった。それほど、販売店の上層部からの圧力がすごかったのだろう。そのため、この間、私は二紙購読するという贅沢なことをしていた。

私の引っ越し先にも毎日新聞が届いていたが、新聞奨学生を経験したことで、あらためて新聞配達員のすごさを感じた。毎朝、必ずポストに新聞が届く。大雨や台風のときでも、きれいな状態で新聞を読める。そういった多くの人が「当たり前」に感じていることをほぼミスなく遂行できるということは、学校教育や就職活動の場面でも強く求めらるスキルだ。新聞配達員たちはもっと待遇がよくていいと思う。

経験したからこそ配達員たちに優しくなれた。集金に来てくれたときは、「わざわざ来てくれてありがとうございます」という気持ちを忘れなかった。ただ、口座引き落としにしなかったのはちょっと反省すべき点である……。

いろんなことがあって、充実した残り二年間だったと思う。

新聞奨学生を辞めたにもかかわらず、無茶な労働をすることもあった。授業料を払えるかどうかというピンチも経験したけれど、なんとか無事に教員免許を取得して卒業を迎えることができた。

志望校合格が決まったあと、お金の問題で入学することすらできなかったかもしれない状況だったのに、新聞奨学生制度をはじめ、奨学金制度をいろいろと駆使して卒業までこぎつけることができた。

思えば、福岡市で育ち、中学校の教員になりたいと強く思っていた私には、新聞奨学生制度を利用して福岡大学に入学、という道がある意味必然的だったのだと思う。今となっては、進学した学科を卒業したことを誇りに思っているが、ほかの選択肢が用意されていなかったということを忘れてはいけない気がする。

入学式のときに着ていたスーツは小さくなってもう入らない。それは、新聞奨学生を辞めて以来、運動をしなくなったからなのか、新聞奨学生になってから、ちょっといい物を食べられるようになったからなのかはわからない……。たぶん両方だ。

卒業式が終わり、教職課程センターで教員免許を、学科会で卒業証書を受け取る。卒業証書はたんなる紙切れにすぎないかもしれない。けれど、私はその一枚の重みをものすごく感じた。

「学費」とは広い意味で、「学生生活を送るための生活費」も含むという考え方がある。つまり、授業料、教科書代、サークルやゼミでかかる費用、そして生活費。これらをまとめて「学費」と考えてみると、まず大学で使った費用がだいたい四〇〇万円、生活費が月一〇万円弱と考えると四年で四〇〇万円強。つまり、私は大学四年間で、自分自身に八〇〇万円以上を投資したのだ。

そう思うと、私にとっての卒業証書とは、自分自身に八〇〇万円という大金をかけた証なのだ（三五〇万の借金と引き換えに）。

「俺の八〇〇万が……」

そう思いながら卒業証書を眺めると、なんだかいろんな思いがこみ上げてくる。このたった一枚の「紙きれ」を手に入れるために必死にがんばった。この一枚には私のさまざまなドラマが詰まっている。

「自力」で卒業した感動に浸りつつも、親目線で考えると、いかに子育てにお金がかかるかを思い知らされた気もした。

だが、何はともあれ、無事卒業できてよかった。

おわりに
――若者の学びが保障される社会へ

私は小学校から高校まで特に目立った生徒ではなかった。勉強も部活もそこそこ。家庭が貧しいということを除けば、ただの「普通」な生徒だった。

けれども、友達の家に遊びに行ったときや、先生が私によくしてくれるときに「私の家は貧乏なんだな」とたびたび感じていた。「はじめに」でも紹介した中学校の先生から、一時期給食で余ったパンをもらっていたこともある。

つらいと感じることはない。それでも、まわりより不利だとずっと感じながら生きてきた。いまどき、中学生でアルバイトを経験する人はほとんどいない。中学の部活を引退したあと、まわりが塾に通いだし、どんどん成績を追い抜かれていくのに焦りを感じた。

そんな状況のなかで、「なぜ自分がこんなにも不利なんだろう?」とは思わなかった。母が働けない、自分の家が生活保護だから仕方ないと理解していたから。いつのまにか、自分が不利な状況が「普通」になり、与えられた「条件」のなかで、どのように「大人」になっていくかが、私の課題だった。

大学に入学し、二年の頃までは、自分が新聞奨学生でまわりの学生よりも充実した学生生活が送れていないことは感じていた。でも、それまでの経験から自分がそういった状況に置かれているのは、「当たり前」のことになっていたし、耐えるのが普通になっていた。ただし、自分の状況がほかの人から見れば「異質」なものだと理解はしていた。

けれども、三年になってゼミに入り、卒業論文の執筆に向け研究を進めていくなかで、新聞奨学生だけが異質な存在なのではないとわかった。

新聞奨学生と現在の学生に起きているさまざまな問題はつながっている。結論を先に言うと、その一つが、学生生活の大半を労働に費やさなければならない、「ブラックバイト」の問題だ。そのブラックな労働によって、学生生活でしかできない経験や、学生がもっているはずの権利を若者たちがはく奪されている。

卒論を書き上げた私は、こうした問題を私の経験と重ね合わせて、多くの人に伝えたい、という気持ちを強くした。「はじめに」でも記したが、それが本書執筆の動機だ。もちろん新聞奨学生に焦点をあてた本がなかったということもあるが、学生が労働によって大学でのあらゆる学びを阻害されている実態を主張したかった。新聞奨学生は、あくまでその一事例だ。

こうして書き進めてきた本書だが、最後に、まとめとして次の二つの点を再確認しておきたい。

一つ目は、これまで広く明らかにされてこなかった新聞奨学生の実態や彼らが抱えている問題についてだ。

大学進学を選択した彼らの背景には貧困があり、高すぎる授業料や生活費を捻出するために、新聞奨学生制度を選択せざるをえない者がいる。そこには、奨学金をはじめとする大学進学を支えるための制度が脆弱であるという背景が見える。

「新聞奨学生募集」のパンフレットを見て、希望や期待をもって入学した大学。しかし、新聞奨学生として過ごす彼らの学生生活は、労働に大きく支配されている。学生にもかかわらず、労働者のような生活を強いられる「異質」な世界では、新聞奨学生たちの学ぶ権利がはく奪されている。また、そのような生活から抜け出したくても、経済的資源の乏しい者は「途中退会時の一括返済」で縛られ、抜け出すことができない。

ようやく、高等教育の無償化が議論されるようになってきているが、こうした現実に対応するためには、一部の人の授業料を無償化するだけでなく、学生生活の保障という点から、もっと幅広く手厚い制度や仕組みをつくる必要がある、と思う。

そして、二点目は、大学での学びをはく奪されている貧困学生の問題は、新聞奨学生だけではなく、学生全体に広がっているということだ。この典型的な例がブラックバイトであり、新聞奨学生とブラックバイトの構造は非常によく似ている。

「ブラックバイト」とは、大内裕和中京大学教授が提唱した言葉で、「学生であることを尊重しないアルバイト」のことだ。「学生生活に支障をきたすほどの重労働を強いられることが多」く、実際の事例では、授業を欠席せざるをえなかったり、就職活動ができなかったり、試験を受けられず留年の危機に遭うという報告がされている。

たとえば、アルバイトをしなければ学生生活が成り立たないという弱みにつけ込み、学生を労働で縛りつけることは、貧困家庭出身の新聞奨学生を「途中退会時の一括返済」で縛りつける構造と酷似している。また、ブラックバイトの事例でよく耳にする、「理不尽な店長」は、私の所属していた販売店では、奨学生たちを戦略的に扱っていたマネージャーのXさんにあたる。さらに、家庭からの仕送りだけでは生活がまかなえず、アルバイト優先で時間割を組む学生が増えているという報告があり、彼らは、夕刊配達を前提に時間割を組まされている新聞奨学生と同様に、自由な学びをはく奪された存在だと言える。

新聞奨学生は、一九六〇年代から存在しているが、学生生活をボロボロにされている学生が近年増えていることは、数々のデータから見ても明らかだ。

新聞奨学生を辞めたあとに、大学でのゼミをはじめ、さまざまな学びを体験することがなければ、私は、そもそも本書の執筆にはいたっていないし、新聞奨学生の経験を、本として形にできたことが「大学での学び」の成果だと感じている。新聞奨学生を四年間続けていれば、私が本を書くことはありえなかった。

「学生」は本来、労働から免除された存在なはずだ。それにもかかわらず、労働せざるをえない環境に立たされる若者がいる。一昔前なら「お小遣い稼ぎ」や「社会経験」のためにアルバイトをすることも多かっただろう。でも、そうした理由でアルバイトをしている者が今もマジョリティだろうか？　ある意味、「生きるか死ぬか」といった窮地に立たされている学生も急激に増えている。これでは、何のために大金をかけて大学に入学したのかわからない。さらに、学生本人や保護者だけでなく、大学で「学ぶ」ことができなかった学生が増えることは、社会全体にとってもいいことではないはずだ

若者の学びが保障されていく社会に変わっていくこと――それが、新聞奨学生を経験した私の心からの願いだ。

〈参考文献・資料〉

雨宮処凛『プレカリアートの憂鬱』講談社、二〇〇九年
岩重佳治『「奨学金」地獄』小学館新書、二〇一七年
大内裕和『ブラックバイトに騙されるな』集英社、二〇一六年
大内裕和『奨学金が日本を滅ぼす』朝日新書、二〇一七年
黒藪哲哉『新聞ジャーナリズムの「正義」を問う――販売現場からの告発』リム出版新社　一九九八年
後藤道夫『ワーキングプア原論――大転換と若者』花伝社、二〇一一年
小林雅之『進学格差――深刻化する教育費負担』ちくま新書、二〇〇八年
小林雅之『大学進学の機会――均等化政策の検証』東京大学出版会、二〇〇九年
今野晴貴『ブラックバイト――学生が危ない』岩波新書、二〇一六年
奨学金問題対策全国会議編『日本の奨学金はこれでいいのか！――奨学金という名の貧困ビジネス』あけび書房、二〇一三年
寺崎里水「大学進学によって追いつめられる若者――セーフティネットとしての学校教育を考える」（『福岡大學人文論叢』第四五巻第四号）福岡大学研究所、二〇一四年
中西新太郎・蓑輪明子編著『キーワードで読む現代日本社会』旬報社、二〇一二年
前畑良幸「日本の奨学金制度の現状――日本学生支援機構を中心に」（小林雅之編『教育機会均等への挑戦』）東信堂、二〇一二年
「私大生の仕送り　一五年連続で減少」『朝日新聞』二〇一六年四月七日付
『朝日奨学制度』朝日奨学会、二〇一五年
『自立して進学するための本』産経新聞奨学会（東京）、二〇一六年度版
『日経育英奨学制度――日経にたくさんのなかまが集まる理由ガイド』日本経済新聞育英奨学会、二〇一六年度版
『返済不要の奨学制度――毎日奨学生ガイドブック二〇一六』毎日育英会、二〇一六年度版

『第五二期読売奨学生ガイド』読売育英奨学会、二〇一六年度版
朝日奨学会［首都圏版］「進学と自立を応援する、朝日奨学制度」http://www.asahishogakukai.or.jp/（最終閲覧二〇一七年一二月一四日）
産経新聞奨学会　東京事務局「産経新聞奨学会　東京事務局」https://sankei-shougakukai.jp/（最終閲覧二〇一七年一二月一四日）
独立行政法人日本学生支援機構「平成二六年度学生生活調査」http://www.jasso.go.jp/about/statistics/gakusei_chosa/2014.html（最終閲覧二〇一七年一二月三日）
東京地区私立大学教職員組合連合「私立大学新入生の家計負担調査　二〇一六年度」http://tfpu.or.jp/kakeihutan-chousa/（最終閲覧二〇一七年一一月二九日）
日本経済新聞育英奨学会　東京地区「日経育英奨学制度　東京地区〜頑張る君を支えたい〜」https://www.nsn-tokyo.jp/ikuei/（最終閲覧二〇一七年一二月一四日）
ブラック企業対策プロジェクト「ブラックバイトへの対処法——大変すぎるバイトと学生生活の両立に困っていませんか？」http://bktp.org/news/1051（最終閲覧二〇一七年一二月四日）
毎日育英会「毎日育英会【公式ホームページ】」https://www.mainichi-ikueikai.com/（最終閲覧二〇一七年一二月一四日）
文部科学省「国立大学と私立大学の授業料等の推移」http://www.mext.go.jp/b_menu/shingi/kokuritu/005/gijiroku/attach/1386502.htm（最終閲覧二〇一七年一一月二九日）
読売育英奨学会「読売育英奨学会」http://www.yc1.jp/yomisho/index/（最終閲覧二〇一七年一二月一四日）
新聞奨学生SOSネットワーク活動ブログ http://syogakusei110.blog32.fc2.com/（最終閲覧二〇一八年一月一六日）

謝辞

私はある意味、運がよかったのかもしれません。

新聞奨学生は誰が見ても厳しい道だと思いますが、私は、福岡大学を志望したこと、人文学部教育・臨床心理学科（LP）に入学したことで非常に有意義な経験をすることができました。ここに入学しなかったら私はどうなっていたかわかりません。

今まで出会った人たちのおかげで、今の私があると実感しています。

中学一年のときの担任の先生、高校のときの担任の先生に受けた恩は計り知れません。

大学一年のときから付き合ってくれた友人たち、学部の先輩・後輩、LPの先生たちのおかげで、とても楽しい大学生活を送ることができました。この本の基礎となった卒業論文を書くために、二年間ゼミ生たちと学びあえたことはかけがえのない財産です。

卒業後もゼミで学びあい、本のアドバイスをしてくれたゼミ生にもよい刺激を受けました。

本書の編集をしてくださった角田三佳さんをはじめ、本書に携わってくれた方々の支えがあって、私の思いを本として形にすることができています。

何より、本書を書く機会を与えてくださった植上一希先生には、大学の学びの意義や楽しさを教えていただいたことを本当に感謝しています。

そして、ここまで育ててくれた母をこれからも誇りに思います。

二〇一七年一二月

横山 真

著者
横山　真（よこやま まこと）
1994年生まれ。3歳のときに両親が離婚し，以後シングルマザー世帯で生活保護を受けて育つ。新聞奨学生制度を利用して，2013年に福岡大学に進学。2017年3月卒業。教員をめざして勉強中。

DTP　岡田グラフ
装幀　臼井弘志

新聞奨学生　奪われる学生生活

2018年2月15日　第1刷発行　　定価はカバーに表示してあります

著者　横山　真
発行者　中川　進

〒113-0033　東京都文京区本郷 2-27-16
発行所　株式会社　大　月　書　店　　印刷　太平印刷社　製本　中永製本
電話（代表）03-3813-4651　FAX 03-3813-4656　振替00130-7-16387
http://www.otsukishoten.co.jp/

ISBN978-4-272-31052-4　C0036　Printed in Japan